MARTIN KARGRUBER

from the inside out ...

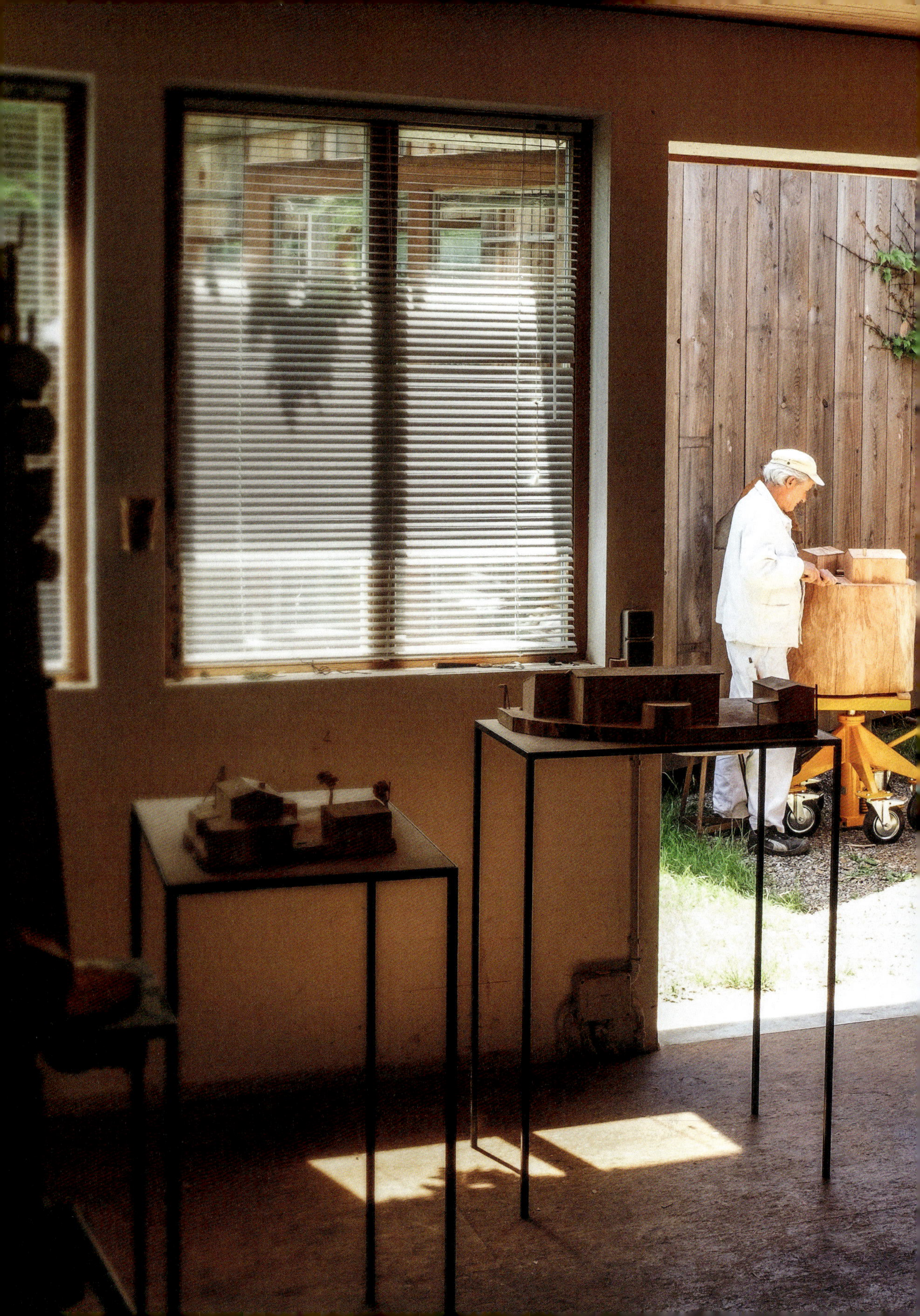

MARTIN KARGRUBER

from the inside out…

Holzskulpturen
Sculptures in Wood
Sculture in legno
2014–2024

arnoldsche

Für Diana, Sophie, Pauline und Oscar

Das Tal und der Berg, die Wand und das Weite,
die Kante und der Blick.
Der Fluss, der Bruch und das Glatte.
Das Reale und Erinnerte, das Gelernte,
die Abweichung und die Sonne in den Bäumen.

Das Land und die Stadt. Das Offene und Begrenzte. Das Spröde ...

Der Abstand – das Gegenüber. Die Ferne und der weite Weg.
Der Boden unter den Füßen, das Alte und Neue.

Der Baum und das Holz. Das Mögliche, der Zusammenhang.
Die Technik, das Wachsen ... die Hand und das Begreifen.

Die Vision, das Tradierte.
Das Langwierige, die Zeit und die Gedanken – das Material.
Das Machen, die Illusion.
Das Gebaute, der Wind und das Licht im Schatten der Wolken.

Die Entstehung dieser Monografie verdanke ich neben der finanziellen Förderung vor allem dem Rückhalt durch meine Familie – allen voran der Unterstützung von Diana.

Weit über die hier dokumentierten zehn Jahre hinaus hat der Münchner Grafikdesigner und Fotograf Harald Fersch meine Arbeiten abgebildet, Layouts erstellt und in gestalterischen oder digital-technischen Fragen gleichermaßen verlässlich beraten. Seit ich ihn kenne, ist er diesbezüglich ein geschätzter Kollege und Freund gewesen. Anfang Mai dieses Jahres ist er verstorben.

Neben meiner Familie ist *from the inside out…* seinem Gedenken gewidmet.

Inhalt

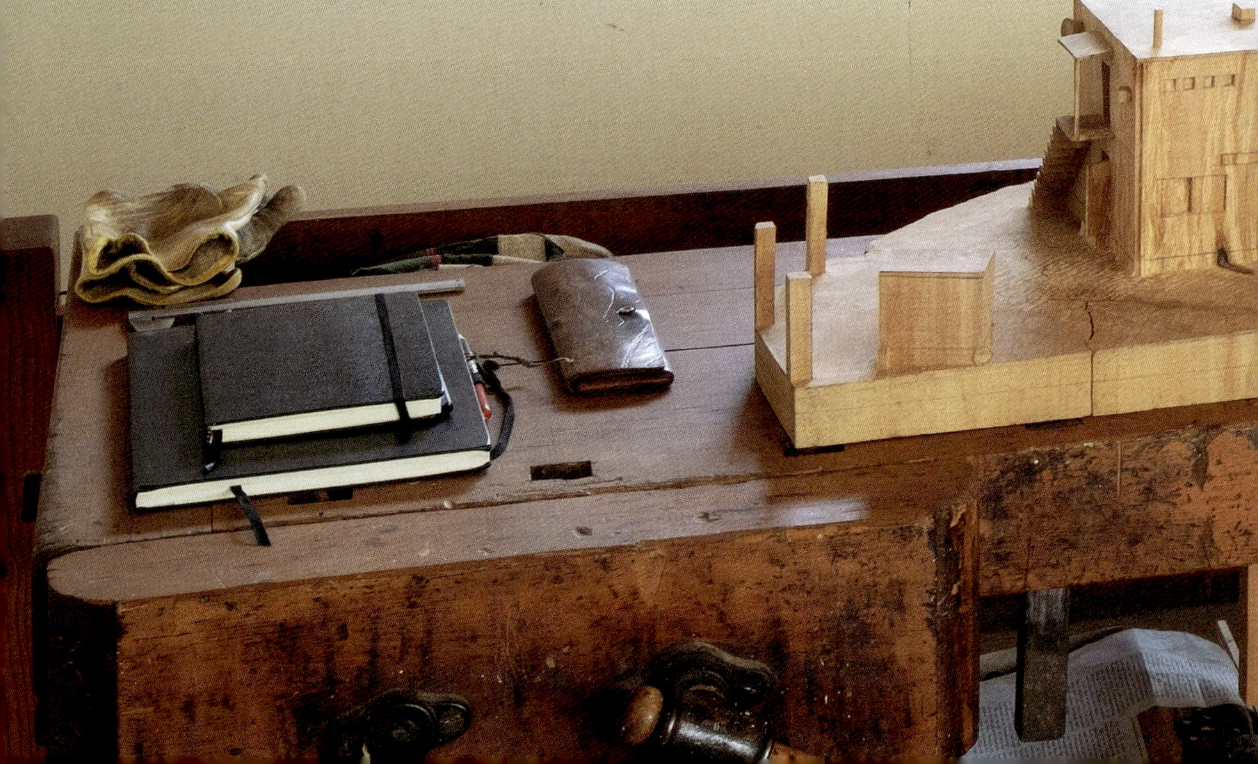

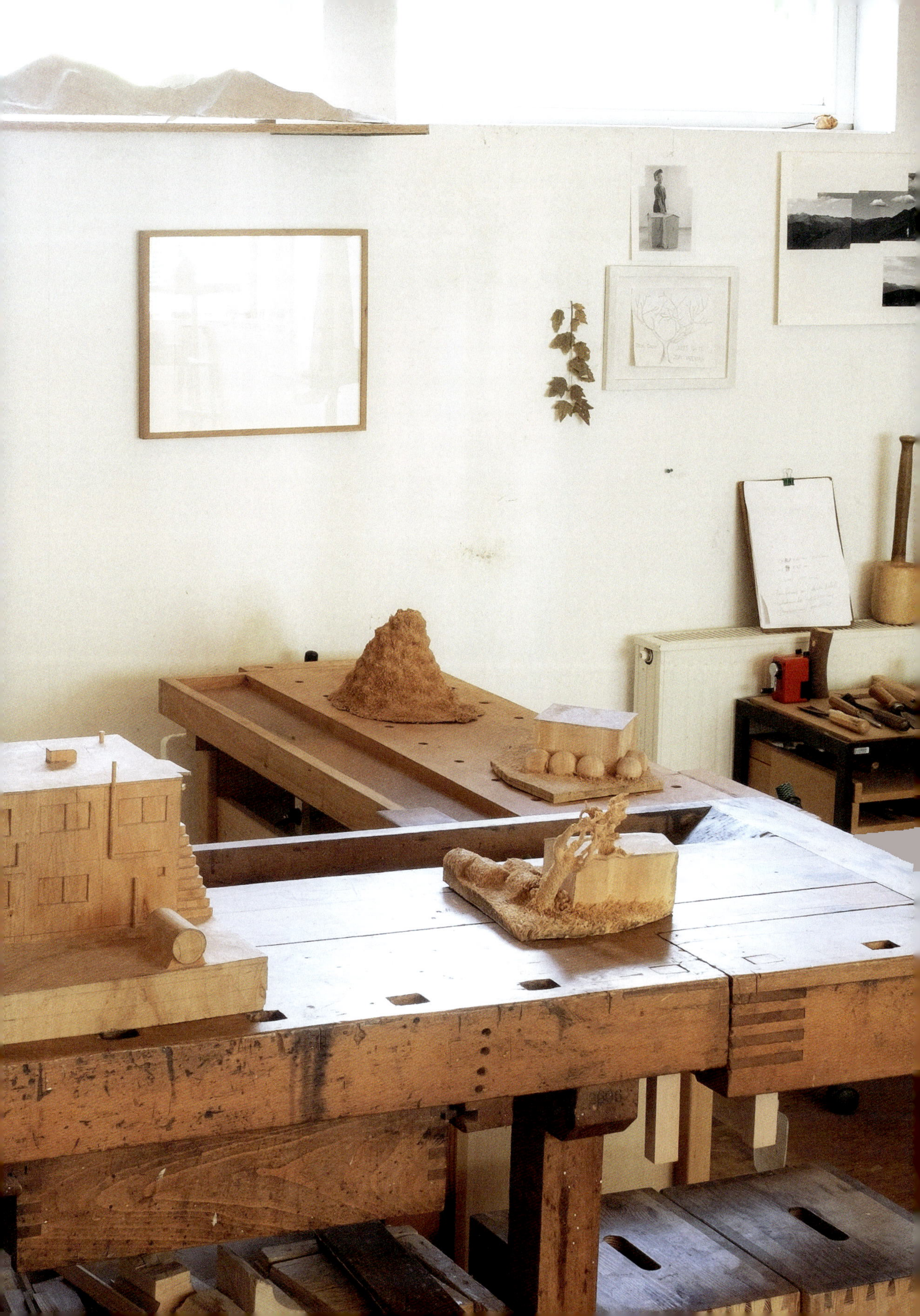

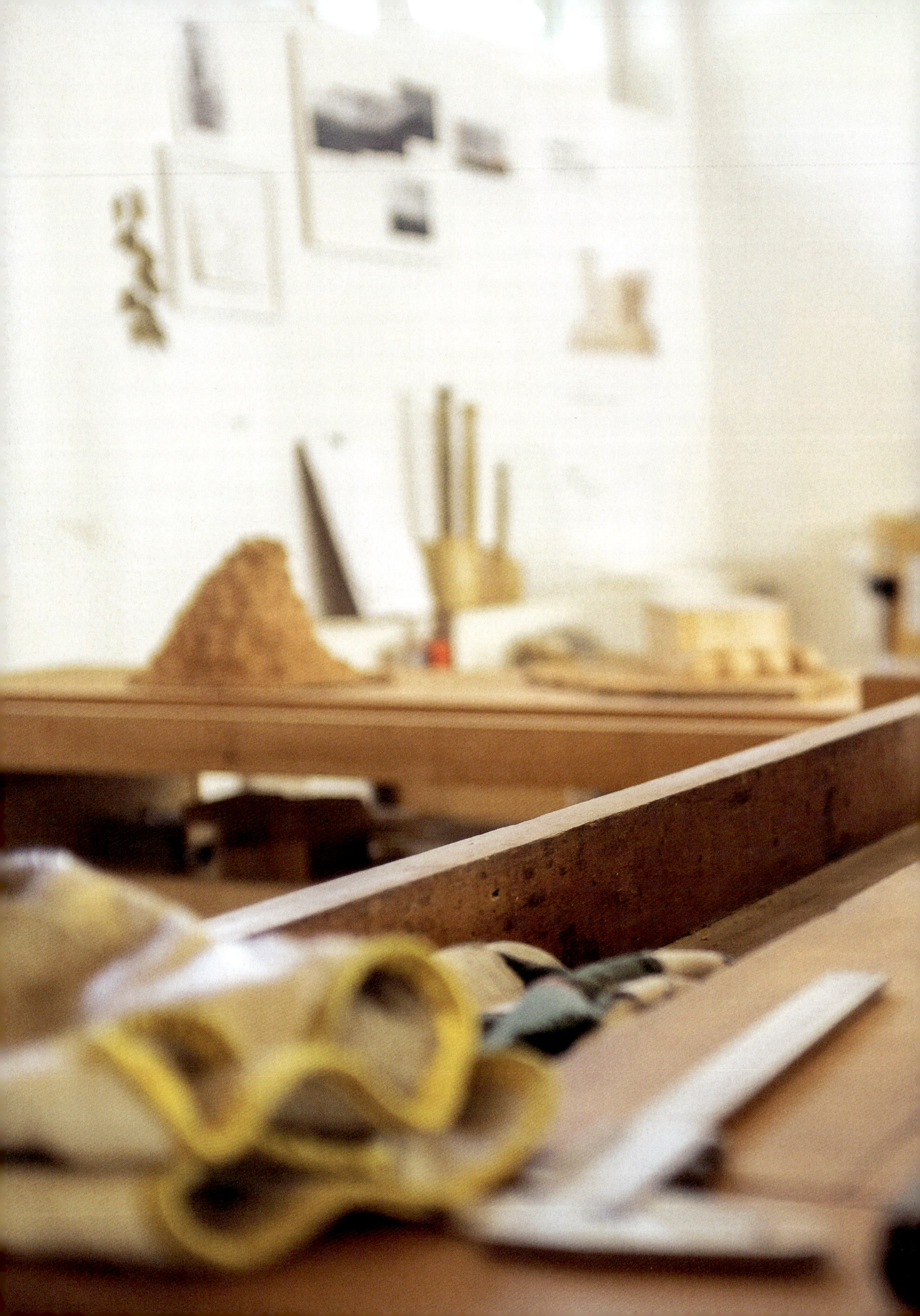

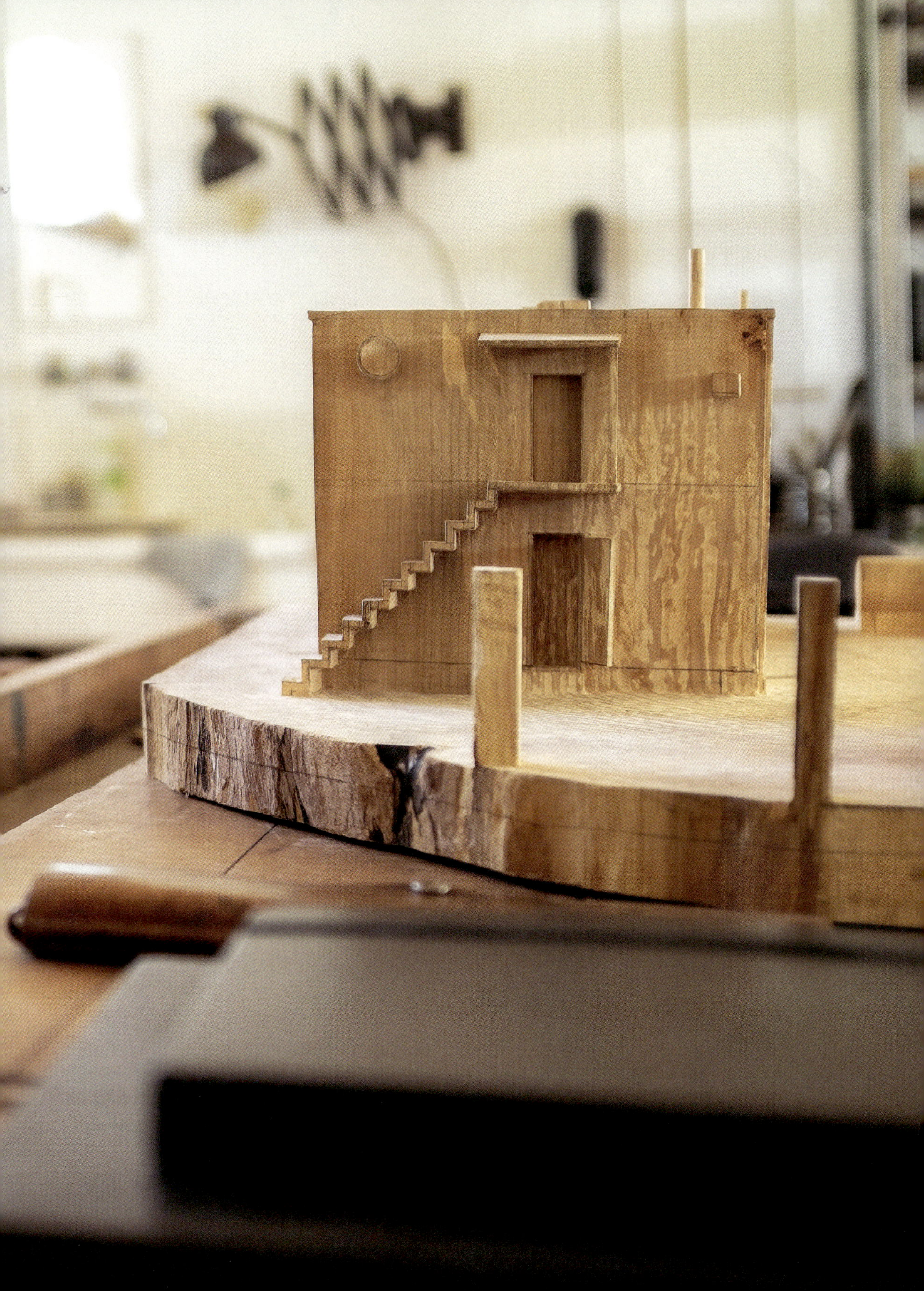

THOMAS ELSEN

Das Gebaute, der Wind und das Licht im Schatten der Wolken ...

Wo von Holzbildhauerei die Rede ist, hat man zunächst Handfestes im Kopf. Das Material, die Werkzeuge, die Werkstatt. Das Arbeiten mit Holz ist eine traditionelle Kunst, die heute archaisch anmutet. Und mit ihr ein künstlerisches Handwerk, das im aktuellen Kunstbetrieb und dem schier unüberschaubar gewordenen Spektrum seiner Erscheinungsformen kaum noch durchdringt. Erst recht trifft das für Bildwerke zu, deren filigraner, mit minutiöser Genauigkeit ausgeführter Aufbau oft so miniaturhaft kleinformatig wirkt, wie es bei Martin Kargruber der Fall ist. Beim ersten Hinsehen kann hier der Eindruck entstehen, man habe es mit den Modellen der eigentlichen Werke zu tun, die noch der Realisierung harren. Bei genauem Hinsehen verfliegt dieser Eindruck jedoch schnell.

Die Holzskulpturen Kargrubers wirken bei all ihrer Figürlichkeit gewissermaßen wie Gegenbilder zu dem, was sie darstellen. Sie legen offen und verrätseln zugleich: Was mag das kleine Häuschen am Fuß des übermächtigen Sendemastes bedeuten? Was der vereinsamte kleine Misthaufen, der verloren mirakulös in sich selber als hölzerne Preziose ruht? Und was wird wohl in dem *Stammhof* vorgehen, der abgeschieden majestätisch und geheimnisvoll hoch auf einem kaum zugänglichen Plateau liegt? Die Fragen, die Kargrubers Skulpturen evozieren, stehen den Auflösungen, die uns durch sie angeboten werden, als den Betrachter fordernde Aufgaben gegenüber, und das scheint durchaus gewollt. Hausfassaden ohne Türen, nur angedeutete, mit Bleistift leicht akzentuierte Fensterrahmen, die aber nicht wirklich durchlässig, geschweige denn geöffnet sind. Das Fremde, Verschlossene, oft kaum Zugängliche, das sie ausstrahlen, wirkt wie eine Metapher auf eine Welt, die wir uns nicht ohne Weiteres erschließen können, auch wenn ihre Gegenstände offen vor unseren Augen liegen. Diese Welt ist eine ganz eigene, voller Geheimnisse, die sich im Inneren ihres künstlerischen Erschaffers verbergen und zugleich entfalten. Und genau hierin liegt der besondere Erzählmodus Martin Kargrubers begründet: *Das Licht im Schatten der Wolken*, das er als einen für ihn gültigen Modus seiner Bildhauerei poetisch umschreibt, bewahrt seine Geheimnisse und streift sie zugleich immer wieder sanft, nicht sicht- aber jederzeit spürbar. Ergänzend dazu treten immer wieder Zeichnungen, die weniger illustrativer Appendix als vielmehr ein selbstverständlicher Bestandteil des bildhauerischen Denkens Kargrubers sind. Aus einer ganzheitlichen Perspektive heraus protokollieren sie punktuell dessen gesamtes Spektrum zwischen Konstruktion, Stimmung und permanenter Gemütsbeschreibung.

Diese besondere atmosphärische Qualität, die seine Skulpturen als einzelne, vor allem aber in ihrer Gesamtbetrachtung durchweg charakterisiert, steht der linearen Klarheit des Gebauten seiner kleinformatigen Häuser nicht gegenüber, sondern wohnt ihr stilgebend inne. Sie sind auf klare, einfache Grundformen reduziert, um dabei als eigene Wesen auch immer Individuen zu bleiben. Bei aller Eindeutigkeit der Formensprache umgibt sie etwas nicht auf den ersten Blick Erkennbares, das der Betrachter stets zu Ende denken muss. Jede architektonische Form ist ein kleines, beseeltes Monument voller alltäglicher Seltsamkeit, und jede Objektkonstellation und -zuordnung – Haus, Baum, Heuballen, Schuppen – lässt im Ensemble nur so viel offen wie nötig, um den Betrachter in eine eigene Geschichte einsteigen zu lassen, sich in sie hineinzuversetzen wie in die Szenen einer sich soeben entwickelnden Dramaturgie.

So gibt Martin Kargruber einerseits visuelle Anreize für ein nicht nur auf die Phänomene des Realen gerichtetes, sondern an die Fantasie appellierendes Sehen. Man ist selbst motiviert, nicht nur nach Bedeutung zu fragen, sondern plastische Bilder weiter zu denken.

Andererseits reflektiert der Bildhauer die eigene Herkunft und Identität, seine Position und Stellung in der Welt. Seine Gegenstände, vor allem die Hausskulpturen, wirken bisweilen wie vereinsamte Versatzstücke einer langsam verschwindenden ländlichen Umgebung, der längst monströse Funktionsarchitekturen auf den Leib gerückt sind, die für etwas ganz anderes stehen als das, was wir mit idyllischer Abgeschiedenheit verbinden: Gebäude wie ein gewaltiger Sendemast oder das Kernkraftwerk *ISAR 2* (eine in neutralem Weiß als unnahbar anonyme Trutzburg samt Reaktor und Schornstein dargestellte Festung), die dort eigentlich nicht hingehören, aber ungebeten Platz genommen haben, sind ihrerseits längst Bestandteil einer neuen Natur geworden. Darin findet sich der Mensch, der bei Kargruber ohnehin nur im Ausnahmefall auftritt, als eher isoliert erscheinendes, irritiertes Wesen wie ein Neandertaler im *Garten*, in dem er irgendwie orientierungslos auf einer kahlen Fläche mehr ausharrt als verweilt.

Als Bildhauer ist Kargruber ein genauer Beobachter und stiller Erzähler. Zum Charakter seiner Arbeit gehört neben der inhaltlichen Ebene wesentlich, das Holz als Arbeits- wie auch als Naturmaterial zu würdigen. Die große Erfahrung und Virtuosität im Umgang mit den Materialien lassen ihn verschiedenste Hölzer bearbeiten – neben anderen Linde, Erle, Eiche, Zirbelkiefer –, deren Oberflächenbeschaffenheiten, Maserungen, Risse und Äste bewusst sichtbar bleiben. Sie sind keine »Störfaktoren«, die es zu kaschieren gilt. Formal kann man seine Häuser zwischen den Polen vollkommener Abstraktion (wie etwa in Hubert Kiecols prototypisch hermetischen Betonskulpturen der 1980er Jahre) und konkreten Narrationen wie derjenigen Walter Dahns (der unter dem Eindruck einer Südstaatenreise in den 1990er Jahren das Haus Elvis Presleys als kleinformatige Skulptur nachbaute) ansiedeln. Aus Kargrubers bildhauerischer Konzeption, in der das Haus als Ausgangs-, Flucht- und Ruhepunkt eine zentrale Rolle spielt, sprechen abstrakte Idee, konkret situatives Erfassen sowie ein assoziatives Festhalten erinnerter Bilder erlebter Geschichte. Einem Misthaufen, von dem kein Mensch weiß, wo er liegt (und dem, selbst wenn uns sein Standort bekannt wäre, kaum mehr Gewicht zuerkannt würde), ein skulpturales Denkmal mit derselben Bedeutung zu setzen wie einem konkret benennbaren Kraftwerk mit all seinen gesellschafts- und umweltpolitisch relevanten Implikationen, ist ein wunderbares Spiel zwischen übergeordneter Bedeutung und persönlicher Ikonografie. Diese Poetik des Raumes, die der französische Philosoph Gaston Bachelard in seiner gleichnamigen, 1957 erschienenen, heute so aktuell wie damals anmutenden Schrift beschreibt, entwerfen letztlich immer wir selbst – Garten, Kernkraft und Misthaufen inklusive.

Kargrubers Bildhauerei haftet weder Grobes noch Niedliches an. Die hinter jedem Werk stehende harte, mit größter handwerklicher Präzision ausgeführte Arbeit mündet in Plastiken, die den Eindruck künstlerischer Leichtigkeit vermitteln. Vom Wind durchwehte Bäume, die sich an die Fassaden von Häusern schmiegen, aufsteigender Rauch, dessen langsam sich vollziehende Bewegung und Ausdehnung man wie in einem Film beobachten kann, oder die lockere Konsistenz des schon genannten *kleinen Misthaufens*, in der das Material wie in luftigen Flocken aufgetürmt illusioniert ist, sind eindrucksvolle Beispiele einer bildhauerischen Technik und Meisterschaft, die Kargruber unaufgeregt und ohne Eitelkeit beherrscht und die ihre Materie fast immateriell erscheinen lässt. Und dennoch: Jede seiner Skulpturen, so sehr sie in die plastisch beabsichtigte Form gebracht werden, bleibt stets sichtbare Trägerin des Materials, aus dem sie besteht. Kargruber lässt das Holz sein, was es ist. Er arbeitet grundsätzlich alles aus einem Stück, dem Holzblock als Ganzem wird nichts hinzugefügt, die bildhauerische Form in toto aus ihm herausgeschält. *Stammhaus*, wie auch *Stammhof* oder *der Berg* verdeutlichen diese Arbeitsweise beispielhaft. Hier nimmt der Stamm die Funktion des Sockels und eines Hochplateaus zugleich ein. Für Kargruber verschmelzen Thema und Material so in eins.

Die letzte, zugleich jüngste Arbeit in diesem Buch hat Martin Kargruber *City* betitelt. Sie ist ein hochkomplexes, als architektonisches Bündel zusammengesetztes Ensemble, dessen kompositorische Dichte dem betrachtenden Blick kaum Möglichkeiten eröffnet, in sein Inneres zu gelangen. Die Stadt als anonyme *City*, hier erstmals im Werk des Bildhauers explizit thematisiert, kratzt an der Welt der Ursprünge, die er seit langem in skulpturale Bilder fasst.

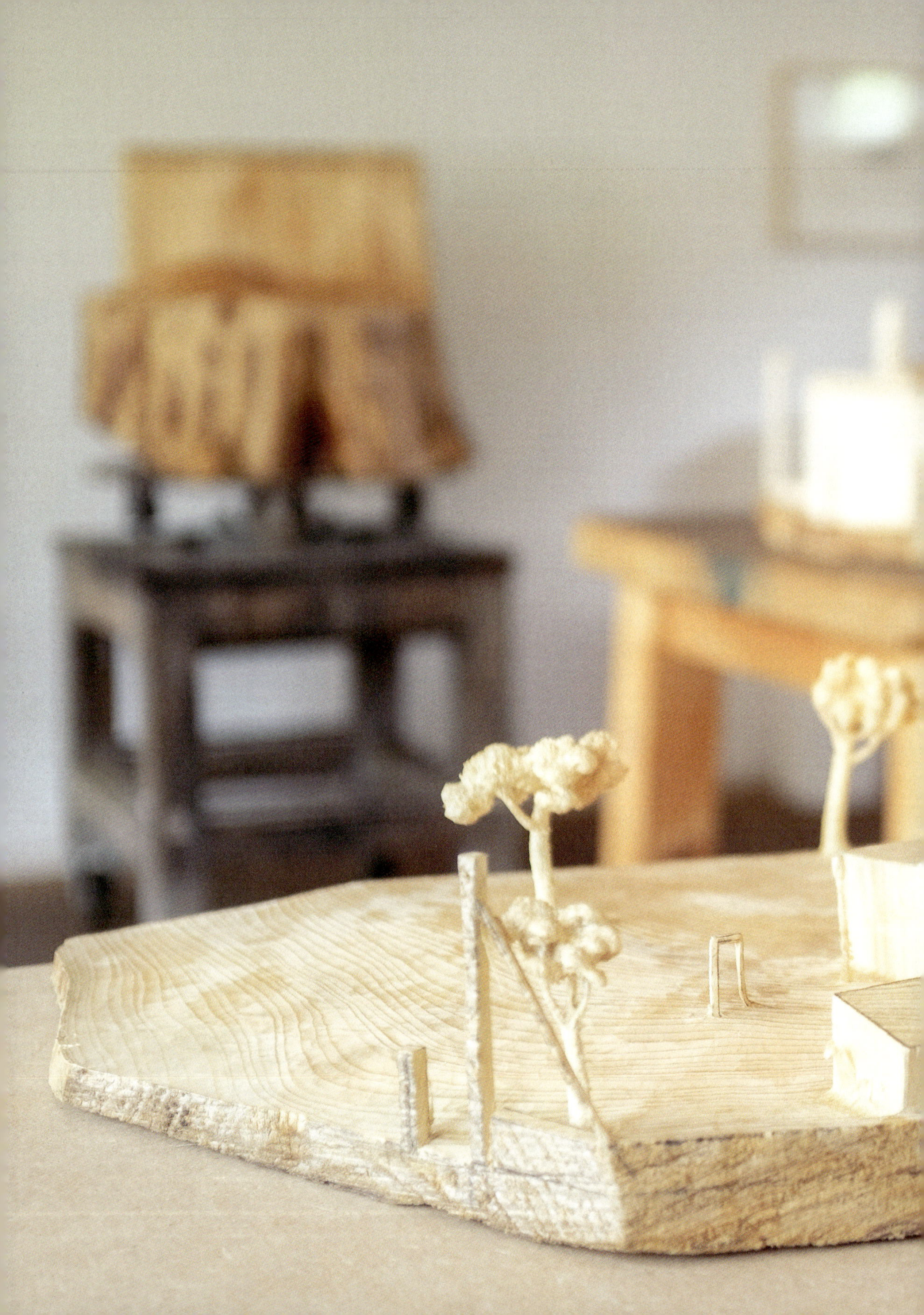

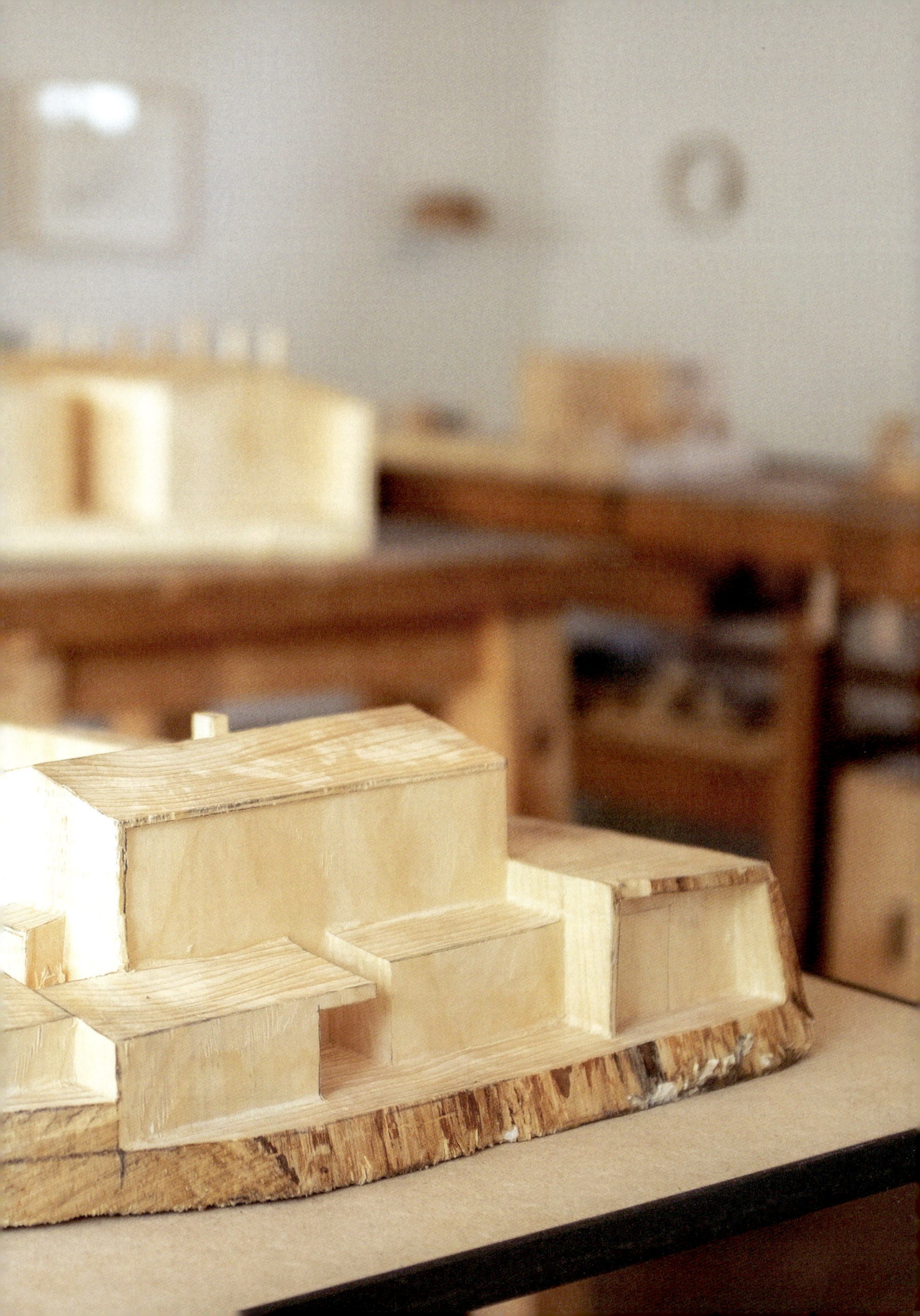

THOMAS ELSEN

Construction, the Wind, and the Light in the Shadow of the Clouds …

Whenever sculpture in wood is up for discussion, the first thing to come to mind is something solid and substantial. The material, the tools, the workshop. Working with wood is a traditional craft that nowadays seems archaic. And with it an artisanal craft that barely manages to attract any notice on the current art scene and in the range of phenomena associated with it that has become so diverse it is beyond description. This is especially true of sculptures that often seem so miniature in format, structurally executed with delicacy and meticulous precision, as is the case with Martin Kargruber. At first sight the impression may arise that these are models of actual works that have yet to be realized. Under closer scrutiny, however, that impression is soon dispelled.

As obviously figurative as they are, Kargruber's sculptures in wood look like the opposite of what they represent. They expose and at the same time deviously conceal: What might that little hut at the foot of an overpowering transmitter mast mean? What does the solitary little dunghill mean that, lost in thought, is wonderfully at ease with itself as a wooden treasure? And what might be going on in the *Stammhof* [homestead] set so majestically and mysteriously on a plateau so remote it is scarcely accessible? The issues evoked by Kargruber's sculptures confront the viewer as demanding tasks, and that seems entirely intentional. House façades without doors, only window frames lightly accentuated in pencil that are not, however, penetrable, let alone open. The alien, closed-off, frequently scarcely accessible quality that emanates from them has the effect of a metaphor for a world that we cannot explore easily even though its objects lie open in front of us. This world is a world of its own, full of secrets that are hidden and at the same time revealed in the inner world of the artist who created them. And that is precisely the premise of Martin Kargruber's distinctive narrative mode: *Das Licht im Schatten der Wolken* [the light in the shadow of the clouds], as he poetically paraphrases a mode for his sculpture that is valid for him, keeps his secrets, and at the same time gently touches on them again and again, not visibly but at all times palpably. In addition, drawings constantly emerge that are not so much an illustrated appendix as a normal part of Kargruber's thinking on sculpture. Viewed from a holistic perspective, they selectively keep a record of its entire range between construction, mood, and perpetually updated description of his disposition.

This special atmospheric quality that characterizes his sculptures individually but above all as an observation on them as a whole does not clash with the linear clarity of the built aspect of his houses in small formats but instead is inherent in it, gives it its style. They have been reduced to clear, simple basic forms but always remain individual as entities in their own right. For all the explicitness of the formal idiom, they are surrounded by something that is not recognizable at first sight, something viewers invariably have to think through for themselves. Each architectonic form is a small, monument possessing a soul full of everyday strangeness, and each constellation of objects and type of object—be it a house, tree, bale of hay, shed—collectively leaves only as much open as is necessary to allow viewers to become involved with a story of their own, to empathize with them as they would with the scenes of an ongoing dramaturgy that is developing.

Martin Kargruber thus provides visual incentives, on the one hand, for phenomena drawn from reality as well as for a way of seeing that appeals to the imagination. You yourself are motivated to not only ask about meaning but to think further about sculptural images.

On the other hand, the sculptor is reflecting on his own origins and identity, his position and status in the world. His objects, his house sculptures especially, sometimes look like isolated set pieces from a gradually vanishing rural environment that has long since been crowded out by horrendous functionalist architecture, pieces that stand for something entirely different from what we associate with idyllic remoteness: buildings such as a vast transmitter mast or the *ISAR 2* nuclear power plant (here a castle in neutral white represented as a forbiddingly anonymous fortress including a reactor and chimney), which actually don't belong there but have settled in as uninvited guests, have, on the other hand, long since become part of a new nature. Human beings, who only appear as the exception in Kargruber's work, find themselves in it as seemingly rather isolated, disturbed beings like a Neanderthal in *Garten* [garden], who somehow seems to be holding on to, rather than lingering on, a bare surface.

Sculptor that he is, Kargruber is an accurate observer and tacit narrator. Wood, the material he works with as well as a natural material, must be acknowledged as an essential part of the character of his work along with the semantic plane. A lot of experience and virtuosity in handling materials enable him to work all sorts of wood—including linden, alder, oak, Swiss pine—so that their textural qualities, grain, cracks, and branches remain visible. They are not "disruptive factors" that are supposed to be concealed. As for form, his houses range between the poles of complete abstraction (somewhat like Hubert Kiecol's prototypically hermetic 1980s concrete sculptures) and concrete narrations, like Walter Dahn's (who, under the impression made on him by a 1990s trip through the Southern states, replicated Elvis Presley's house as small-scale sculpture). An abstract idea, a concrete grasp of situation, and an associative capturing of images remembered from history as experienced inform Kargruber's conception of sculpture, in which the house plays a major role as a point of departure, of escape, and of rest. To dedicate a sculptural monument to a dunghill, location unknown (and to which, even if we knew where it is located, would hardly be given more weight), with the same importance as a power station that can be specifically named with all its socially and environmentally relevant implications is a wonderful play between overarching significance and personal iconography. We ultimately always design "the poetics of space" ourselves—including garden, nuclear power plant, and dunghill—described by the late French philosopher Gaston Bachelard in his book of that title published in 1957 that today seems just as relevant as it was then.

There is nothing coarse about Kargruber's sculpture, nor is there anything cute about it either. The sheer effort that stands behind each of his works executed with consummate craftsmanly precision results in sculptures that convey the impression of having been conjured up by an artistic sleight of hand. Trees with the wind blowing through them that snuggle up to house façades, smoke rising and spreading in a movement that takes place slowly as if seen in a film, or the loose consistency of the already mentioned *kleiner Misthaufen* [little dunghill], in which the material creates the illusion of airy flakes piled up, impressively exemplify the sculptural technique and mastery that Kargruber commands calmly and without vanity and which makes their material look almost immaterial. And yet: Each of his sculptures, as much as they have been brought into the sculpturally intended form, always remains the visible vehicle of the material it is made of. Kargruber lets wood be what it is. He makes a point of always working everything in one piece; nothing is added to the block of wood as a whole. The sculptural form is carved out of it *in toto. Stammhaus* [ancestral house], *Stammhof* [homestead] and *der Berg* [the mountain] are prime examples of this way of working. Here the tree trunk assumes the function of both pedestal and high plateau. For Kargruber, this is how subject and material fuse.

Martin Kargruber has given the last work shown in this book, which is also his most recent, the title *City*. A highly sophisticated whole assembled as an architectonic bundle, its density of composition opens up virtually no possibilities for the observant eye to penetrate into its interior. The city, as the anonymous *City*, here thematized for the first time in this sculptor's work, scratches at the world of origins he has been capturing in sculptural images for so long.

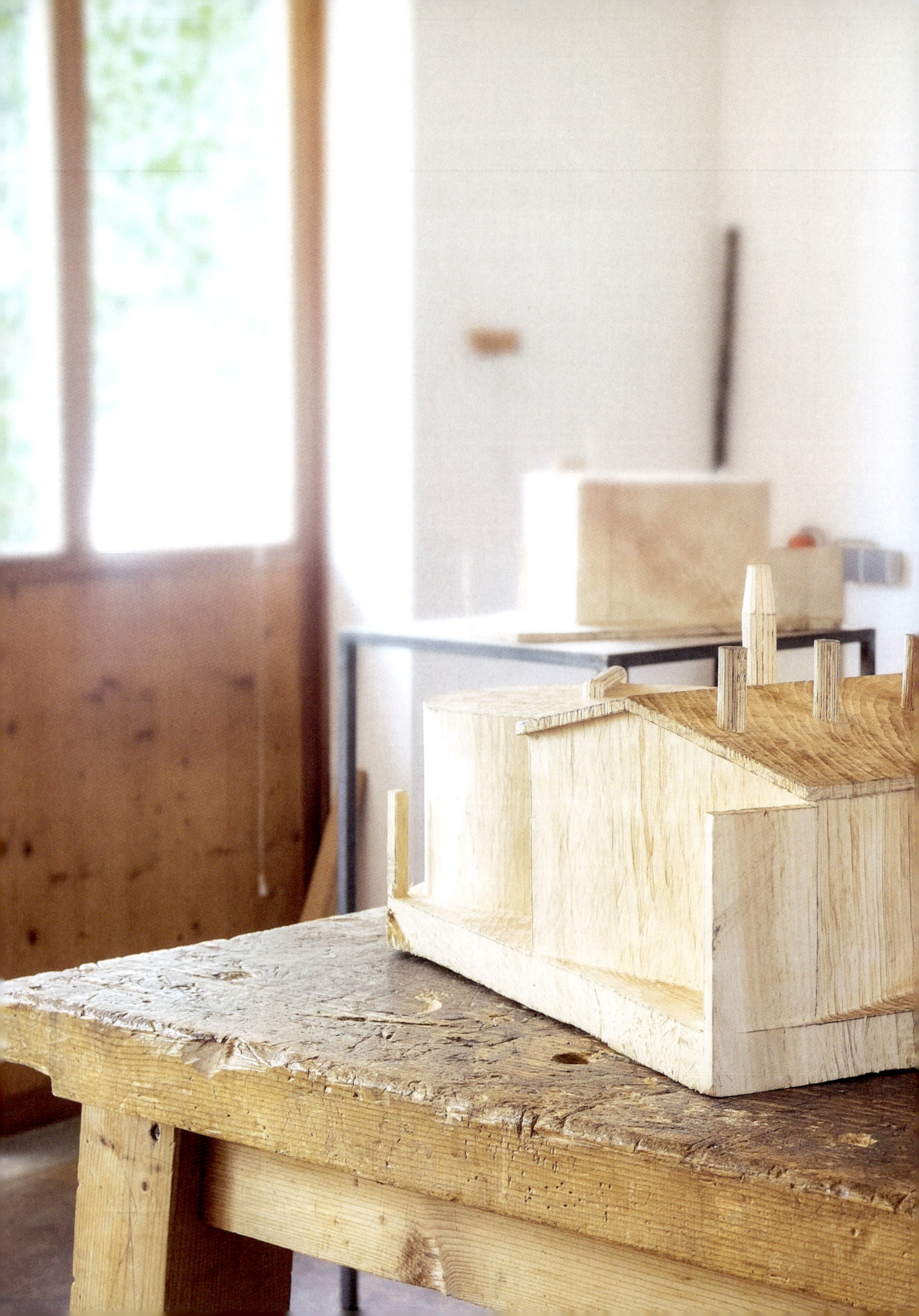

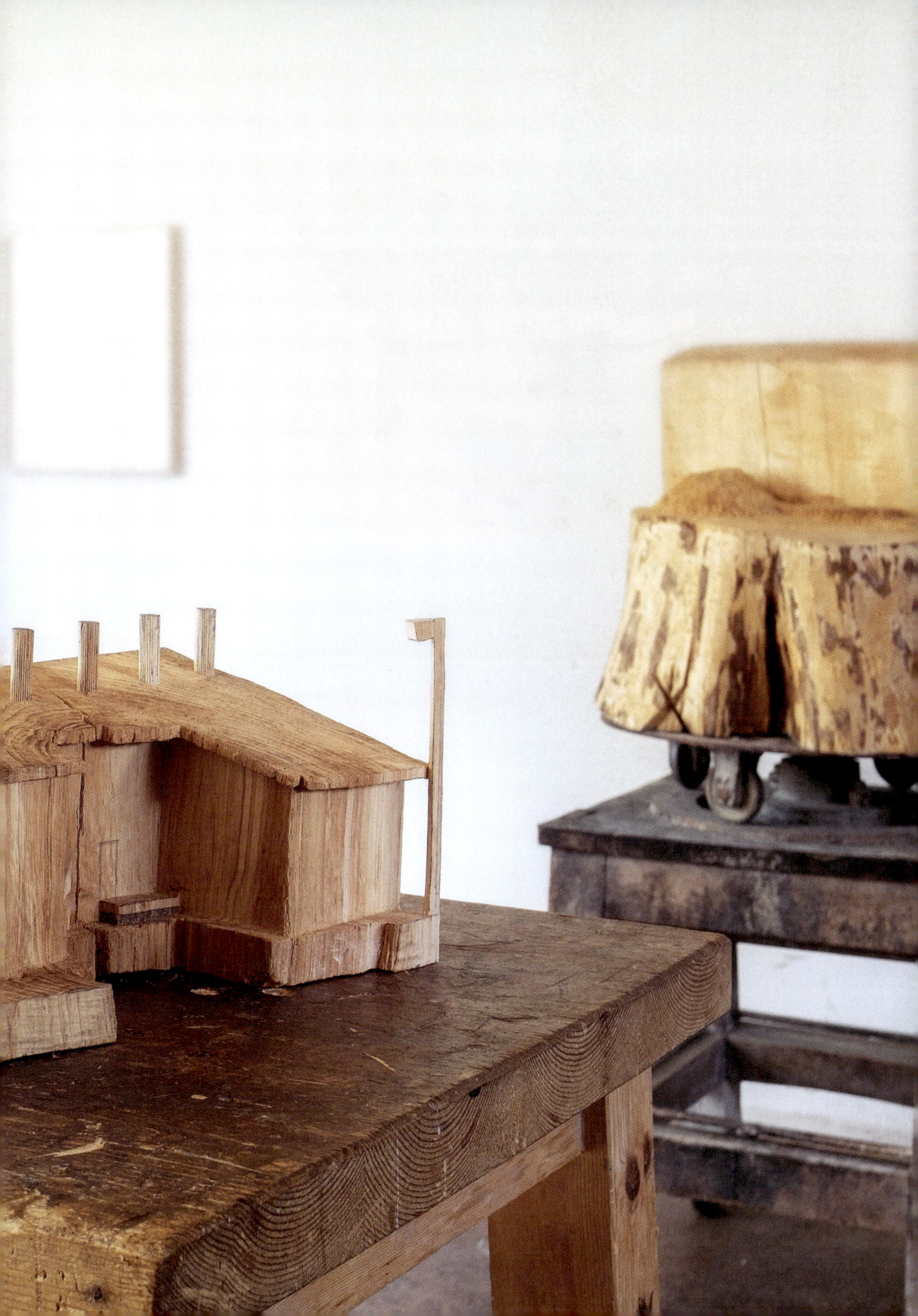

THOMAS ELSEN

La costruzione, il vento e la luce all'ombra delle nuvole …

Quando si parla di scultura lignea, il pensiero va in primis a qualcosa di solido. Al materiale, agli attrezzi, al laboratorio. Quella della lavorazione del legno è un'arte di lunga tradizione, dalle parvenze oggi quasi arcaiche. Ma è anche una forma di artigianato artistico che stenta ormai a farsi strada, nell'odierna realtà artistica con la sua gamma, pressoché infinita, di forme espressive. E questo succede, a maggior ragione, quando le opere, come nel caso di Martin Kargruber, paiono quasi miniature, nella loro struttura filigrana lavorata con minuziosa precisione. A un primo sguardo si potrebbe finanche pensare di trovarsi davanti a modellini di opere vere e proprie ancora in gestazione. A un esame più attento, tuttavia, questa impressione svanisce rapidamente.

Con tutta la loro figuratività, le sculture lignee di Kargruber sembrano in qualche modo l'opposto di ciò che rappresentano. Sono rivelatrici, e allo stesso tempo enigmatiche: cosa potrà mai significare quella casetta ai piedi di un enorme ripetitore? Che sarà mai quel solitario mucchietto di letame che, in modo perdutamente miracoloso, si raccoglie in se stesso come un prezioso gioiello in legno? E cosa accadrà in quello sperduto *Stammhof* (« maso di origine ») che troneggia maestoso e misterioso su un altopiano pressoché inaccessibile? Gli interrogativi evocati dalle sculture di Kargruber si oppongono alle risoluzioni che suggeriscono, mettendo l'osservatore di fronte a una sfida, peraltro assolutamente voluta. Facciate di case prive di porte, telai di finestre appena accennati, lievemente accentuati a matita, ma non davvero permeabili, ancor meno aperti. Quel senso di estraneo, di chiuso, spesso pressoché inaccessibile, pare metafora di un mondo non facilmente avvicinabile, anche quando gli oggetti giacciano apertamente davanti ai nostri occhi. Questo mondo è a sé stante, pieno di segreti, nascosti e al tempo stesso svelati nell'intimo del suo creatore artistico. Proprio in questo risiede la particolare modalità narrativa di Martin Kargruber: *Das Licht im Schatten der Wolken* («la luce all'ombra delle nuvole»), che egli parafrasa poeticamente come una modalità scultorea in cui si riconosce, racchiude tutti i suoi segreti, ma al contempo li sfiora e accarezza, rendendoli non già visibili, bensì percettibili in ogni istante. A completarli sono i suoi ripetuti disegni, non tanto appendice illustrativa, quanto piuttosto componente ovvia e naturale del pensiero scultoreo di Kargruber. Da una prospettiva complessiva, essi ne registrano puntualmente l'intero spettro, fra costruzione, atmosfera e descrizione permanente dello stato d'animo.

Questa particolare qualità atmosferica, che caratterizza le sculture singolarmente, ma soprattutto nel loro complesso, non si contrappone tuttavia alla chiarezza lineare delle costruzioni delle sue minuscole casette, ma vi è insita come cifra stilistica. Le opere sono ridotte a forme semplici e chiare per proporsi come esseri a sé stanti e continuare ad esistere come individui. Pur nell'univocità del linguaggio formale, risultano avvolte da qualcosa che, a prima vista, non risulta riconoscibile e che lo spettatore è chiamato a completare nella propria testa. Ogni forma architettonica è un piccolo monumento animato, pieno di quotidiana singolarità, e ogni costellazione e combinazione di oggetti - casa, albero, balla di fieno, rimessa - mostra il minimo necessario a permettere all'osservatore di imbarcarsi in una propria storia, di immedesimarsi in essa, come nelle scene di una drammaturgia in via di sviluppo.

Da un lato, cioè, Martin Kargruber fornisce stimoli visivi per una visione che non è solo rivolta ai fenomeni del reale ma si appella alla fantasia. L'osservatore si spinge e motiva a completare nella propria testa immagini plastiche, oltre che a cercare significati.

Dall'altro, lo scultore riflette la propria origine e identità, la propria posizione e collocazione nel mondo. I suoi oggetti, in particolare le sculture di case, appaiono a volte come elementi scenici isolati di un ambiente rurale in lenta fase di scomparsa, scalzato ormai da tempo da mostruose architetture funzionali, sinonimo di qualcosa di completamente diverso dall'idea di idilliaco isolamento: costruzioni come un gigantesco ripetitore o la centrale nucleare *ISAR 2* (un'imponente fortezza di colore bianco neutro, anonima, inavvicinabile, completa di reattore e ciminiera) che in realtà non appartengono a quell'ambiente ma, a guisa di ospiti indesiderati, ne prendono possesso, divenendo ormai parte integrante di una nuova natura. Nella quale vi è l'Uomo, figura che nell'opera di Kargruber compare comunque solo in casi eccezionali: una creatura che appare piuttosto isolata, infastidita, come un Neanderthal in *Garten* («giardino»), un essere disorientato che resiste, più che indugiare, su una superficie nuda.

Kargruber scultore è un osservatore preciso e un narratore silenzioso. Oltre al piano dei contenuti, il carattere della sua opera include essenzialmente l'apprezzamento per il legno come materiale di lavoro, oltre che come materiale naturale. La sua grande esperienza e virtuosità nel trattare i materiali gli permettono di lavorare su un'ampia varietà di essenze: oltre al tiglio, l'ontano, il rovere e il legno di cirmolo, le cui caratteristiche superficiali, venature, crepe e nodi rimangono volutamente visibili. Essi non sono infatti fattori di disturbo da dover coprire e nascondere. Formalmente, le sue case possono essere collocate tra i poli della perfetta astrazione (come nelle sculture prototipicamente ermetiche in cemento di Hubert Kiecol, negli anni Ottanta) e delle narrazioni concrete, come quelle di Walter Dahn (il quale negli anni Novanta, di ritorno da un viaggio negli Stati del sud, ricreò in miniatura la casa di Elvis Presley). Dalla concezione scultorea di Kargruber, in cui la casa riveste un ruolo centrale come punto di partenza, di fuga e di quiete, emergono un'idea di astrazione, di concreta percezione situazionale, di cattura associativa di immagini ricordate di storie vissute. Erigere un monumento scultoreo a un mucchio di letame di cui nessuno sa dove si trovi (e al quale, quand'anche ne conoscessimo l'ubicazione, difficilmente attribuiremmo maggior peso), o a una centrale nucleare concretamente individuabile con tutte le sue implicazioni socio-ambientali, è un meraviglioso gioco tra valenza sovraordinata e iconografia personale. Questa poetica dello spazio, descritta dal filosofo francese Gaston Bachelard nell'omonimo saggio pubblicato nel 1957, e oggi attuale come allora, è in definitiva immaginata sempre da noi stessi, compresi il giardino, la centrale nucleare e i mucchi di letame.

L'opera scultorea di Kargruber non è propriamente grezza né delicata. Il duro lavoro che c'è dietro ogni opera, eseguito con estrema precisione artigianale, sfocia in sculture che trasmettono l'impressione di leggerezza artistica. Gli alberi mossi dal vento che si stringono alle facciate delle case, il fumo che sale in movimenti lenti e dilatati come in un film, o la lassità del già citato *kleiner Misthaufen* (« piccolo mucchio di letame »), in cui il materiale illude di sovrapporsi in grumi ariosi, sono esempi impressionanti di una tecnica scultorea e maestria che Kargruber padroneggia con calma e senza vanità, e che fa sembrare la materia quasi immateriale. Eppure, ciascuna delle sue sculture, per quanto plasmate nella forma plasticamente voluta, rimane sempre portatrice visibile del materiale di cui è fatta. Kargruber lascia che il legno sia ciò che è. Fondamentalmente lavora tutto da un unico pezzo, non aggiungendo nulla al blocco compatto di legno, ma ricavandovi integralmente la forma scultorea. Opere come *Stammhaus* (« casa di origine »), *Stammhof* (« maso di origine ») o *der Berg* (« la montagna ») illustrano in maniera esemplare questa sua modalità di lavoro. È il tronco ad assume la funzione di piedistallo, diventando al tempo stesso altopiano. Per Kargruber, tema e materiale si fondono in un tutt'uno.

L'ultimo e più recente lavoro presentato in questo libro è stato intitolato da Martin Kargruber *City*. Si tratta di un insieme altamente complesso, di un assemblamento architettonico la cui densità compositiva non concede all'osservatore quasi alcuna possibilità di raggiungerne l'interno. La città come anonima *City*, per la prima volta esplicitamente tematizzata nella produzione artistica dello scultore, tange il mondo delle origini che egli, ormai da tempo, cattura in immagini scultoree.

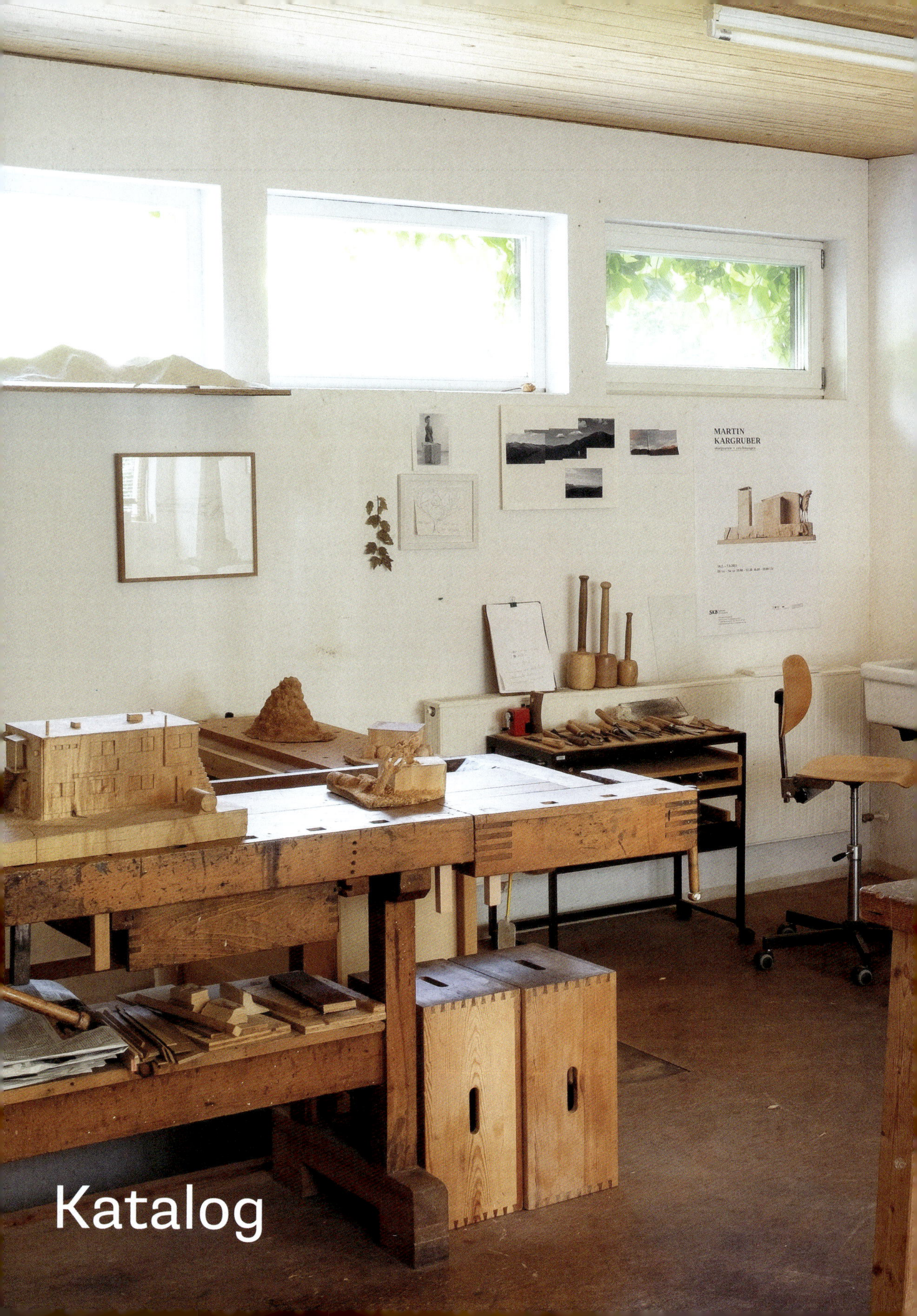

Katalog

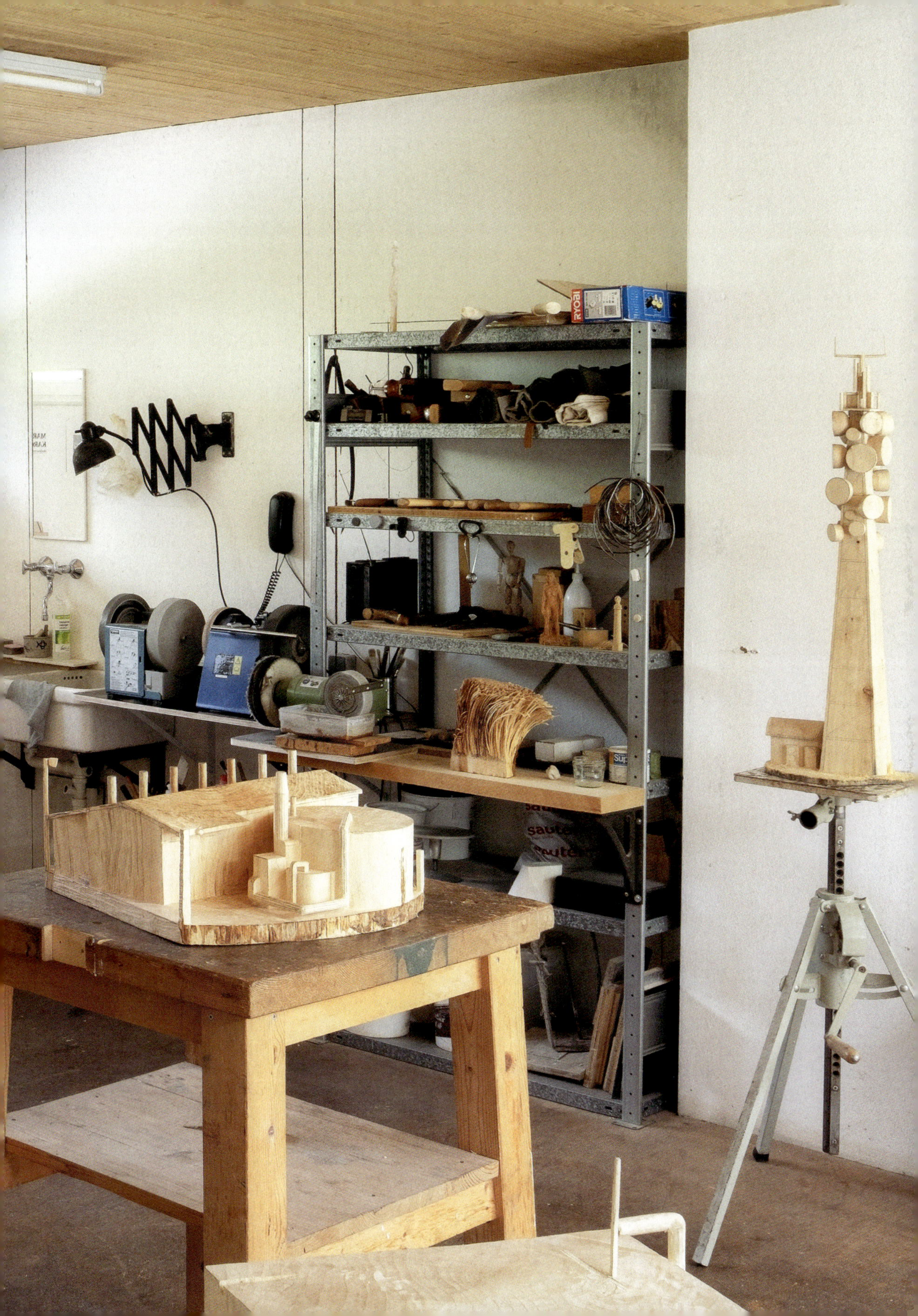

Siloballen, 2014
Linde, Grafitstift, Edelstahl
13 × 22,5 × 22,5 cm

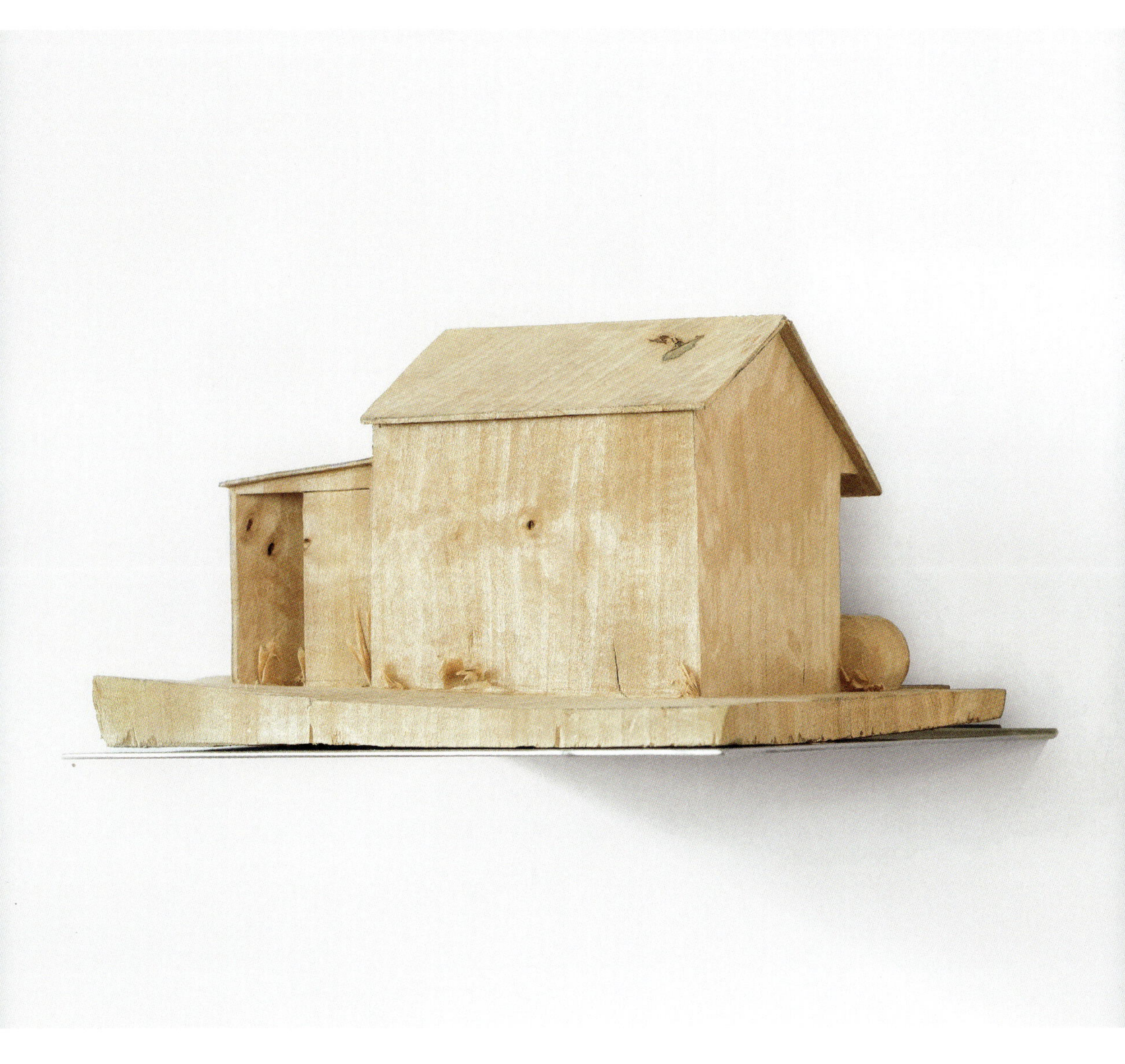

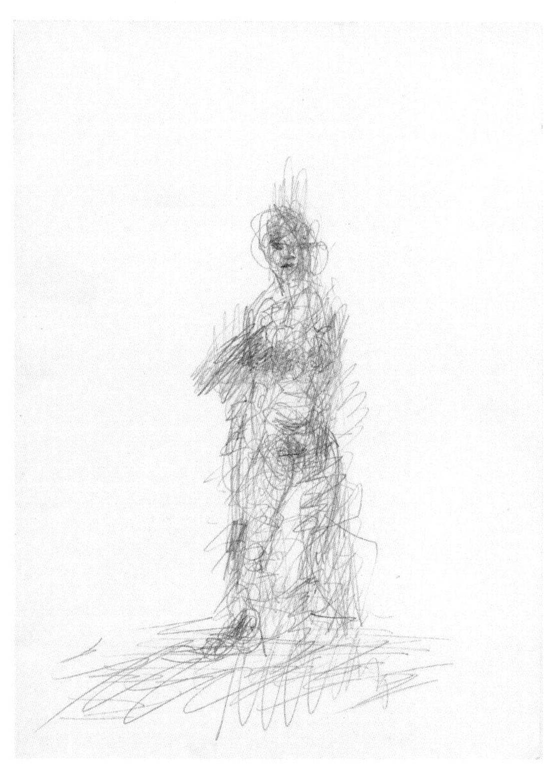

Frau, 2015
Grafitstift, Papier
29,7 × 21 cm

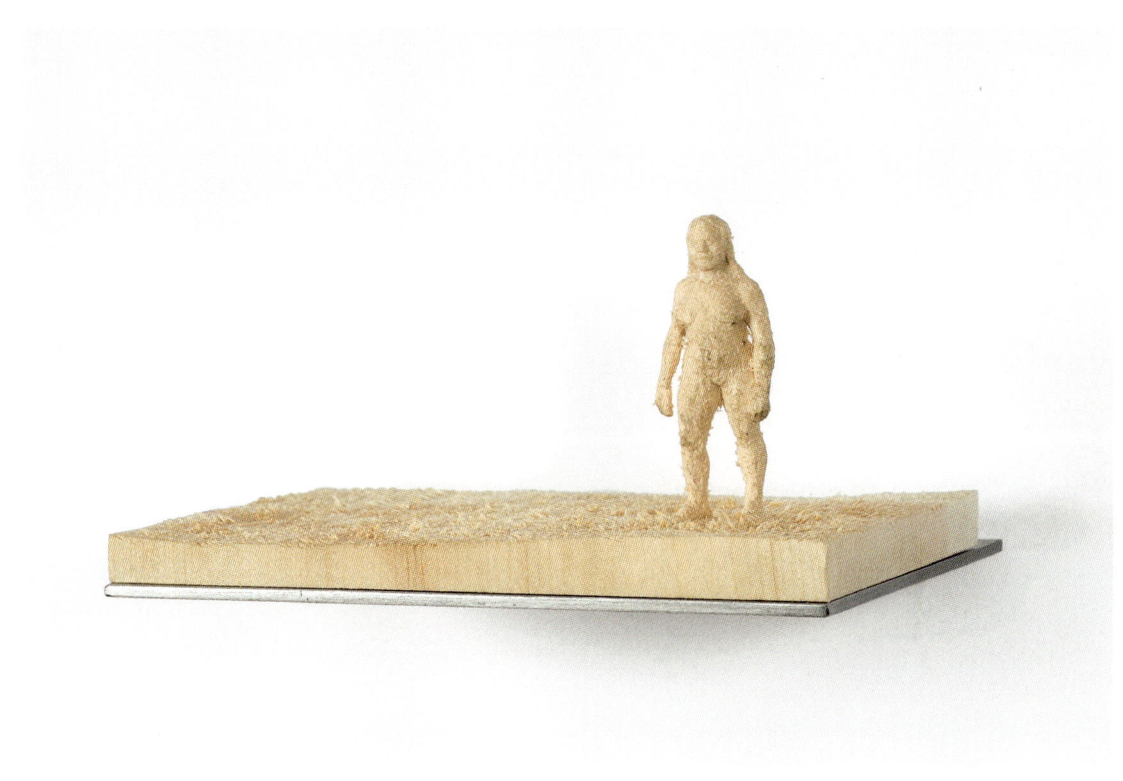

Garten 1, 2014
Zirbelkiefer, Grafitstift, Stahl
8 × 16,4 × 13,8 cm

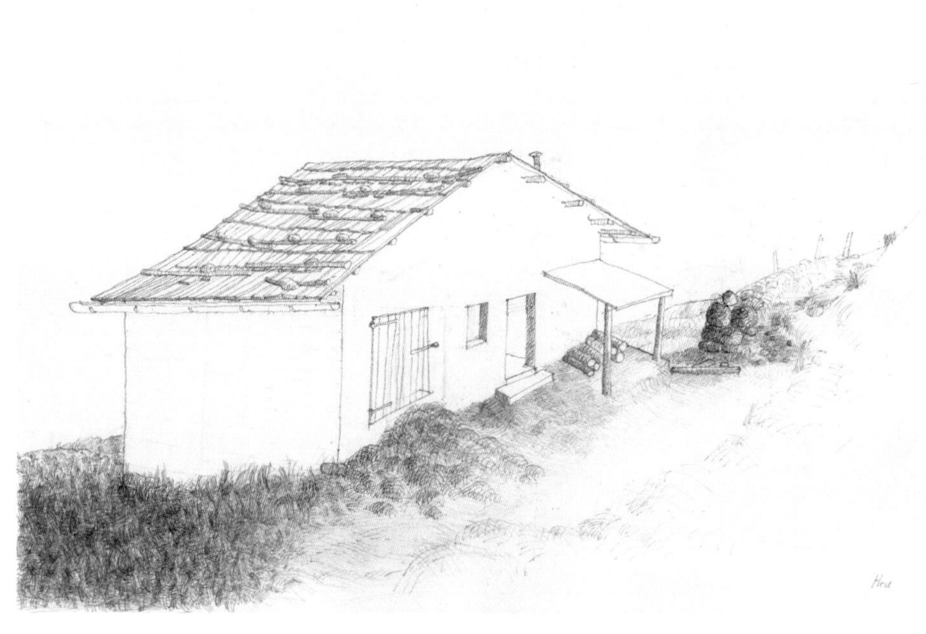

Heu, 2014
Grafitstift, Papier
21 × 29,7 cm

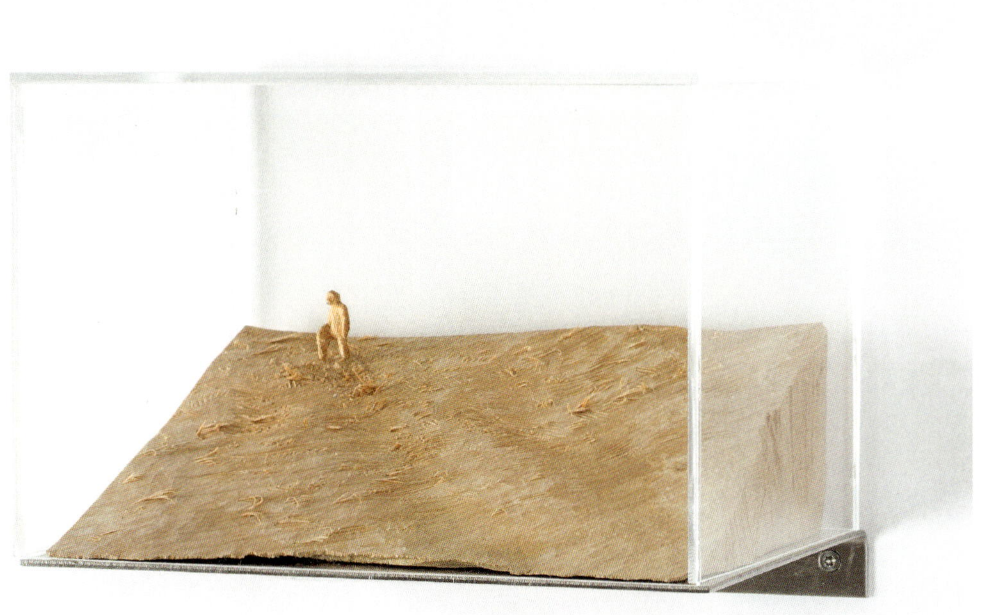

Bergwiese, 2014
Linde, Edelstahl, Acrylglas
14,4 × 18,2 × 14,4 cm

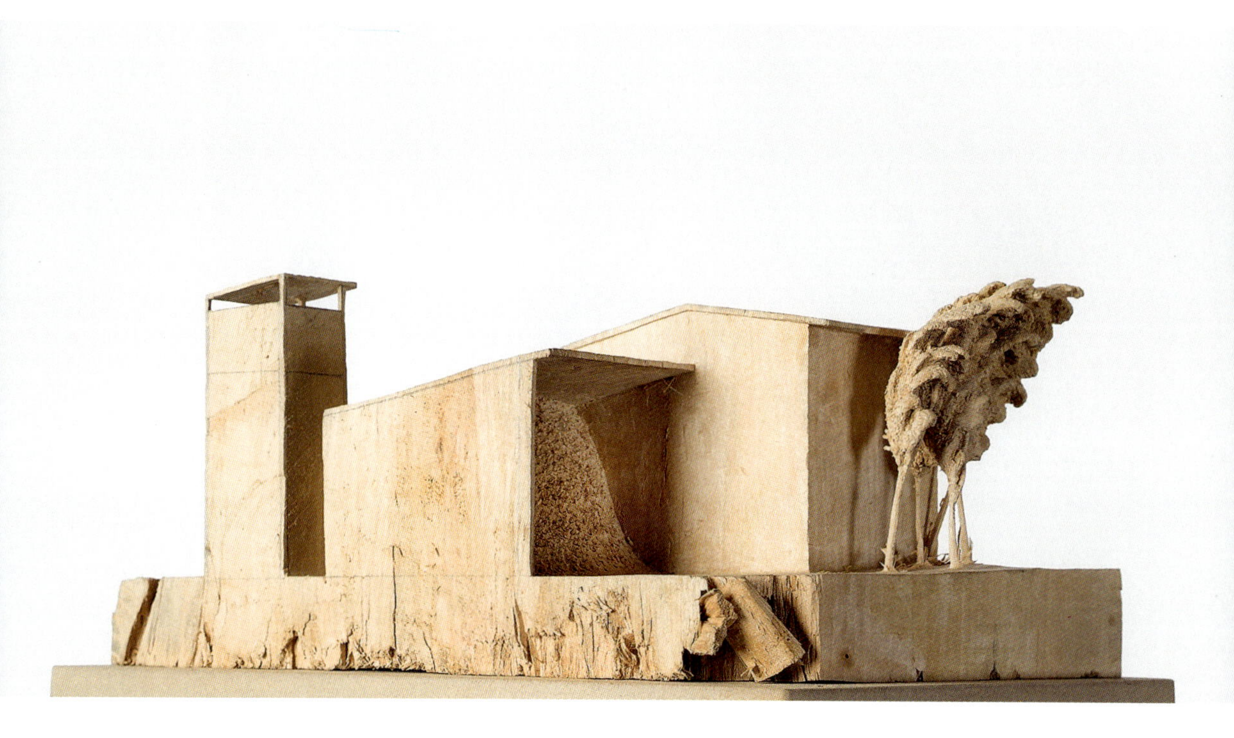

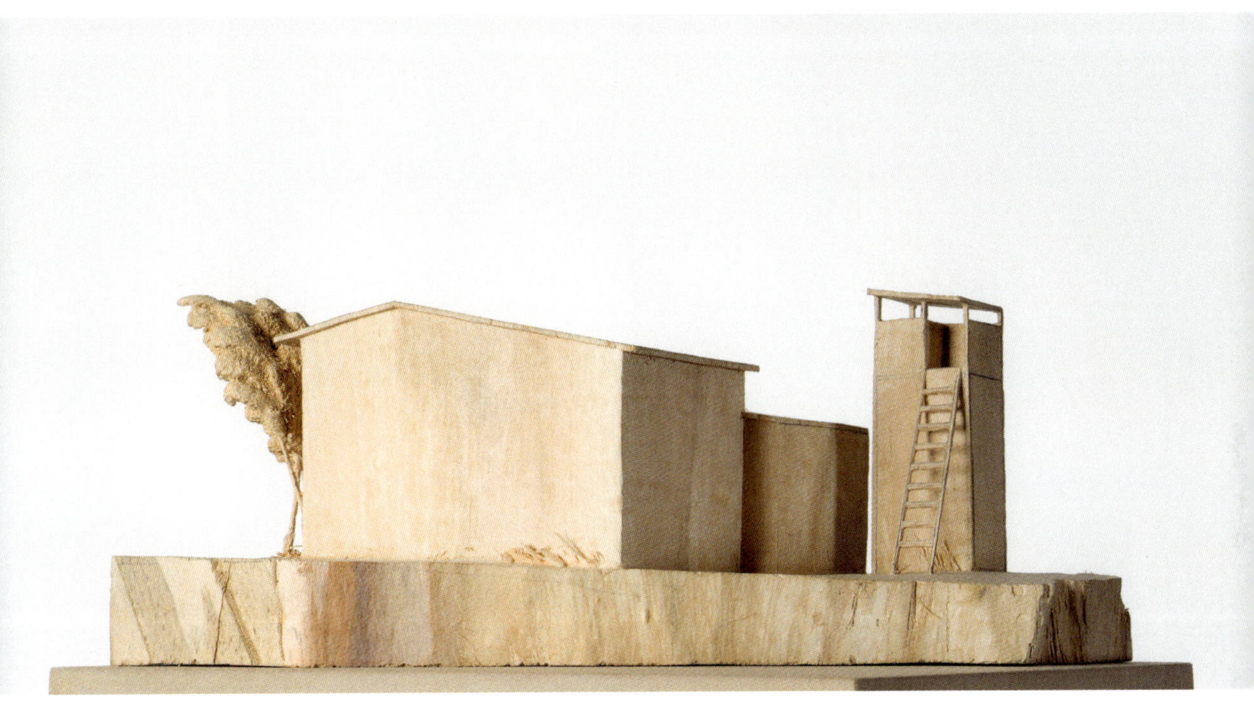

Jägerstand, 2014
Linde, Grafitstift
14,3 × 30 × 24 cm

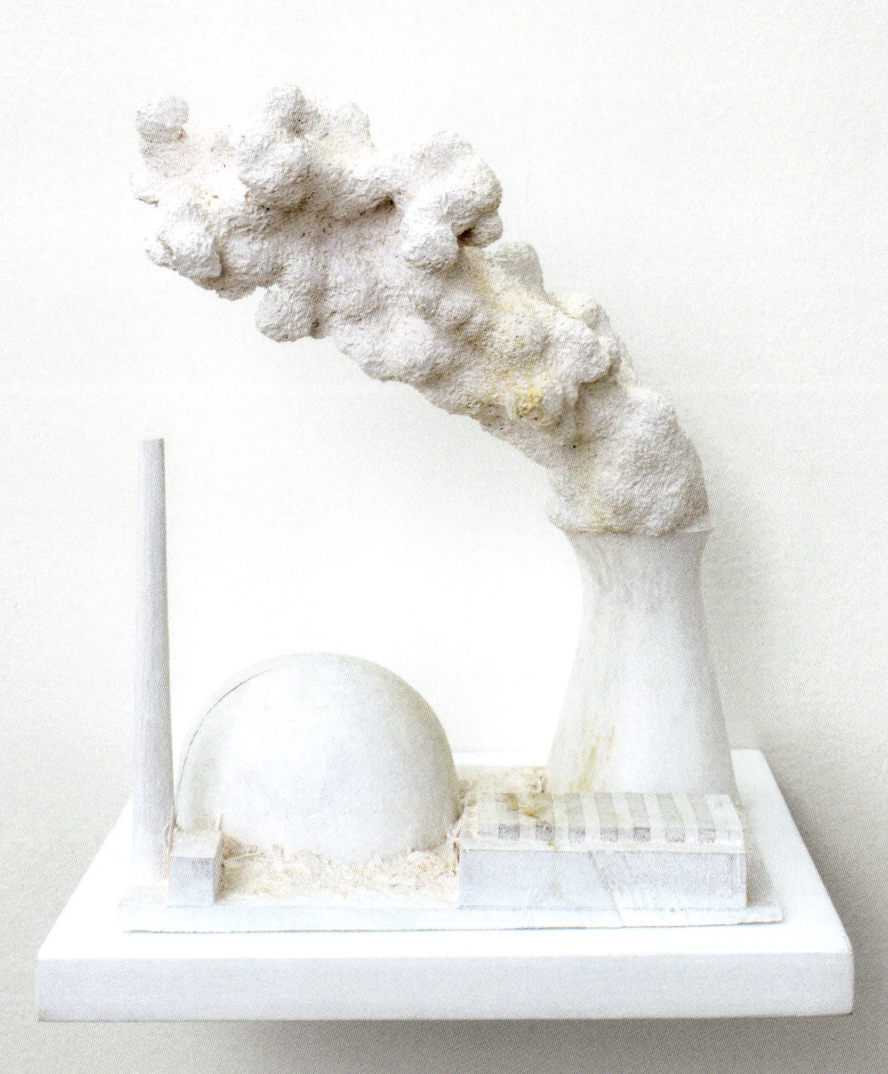

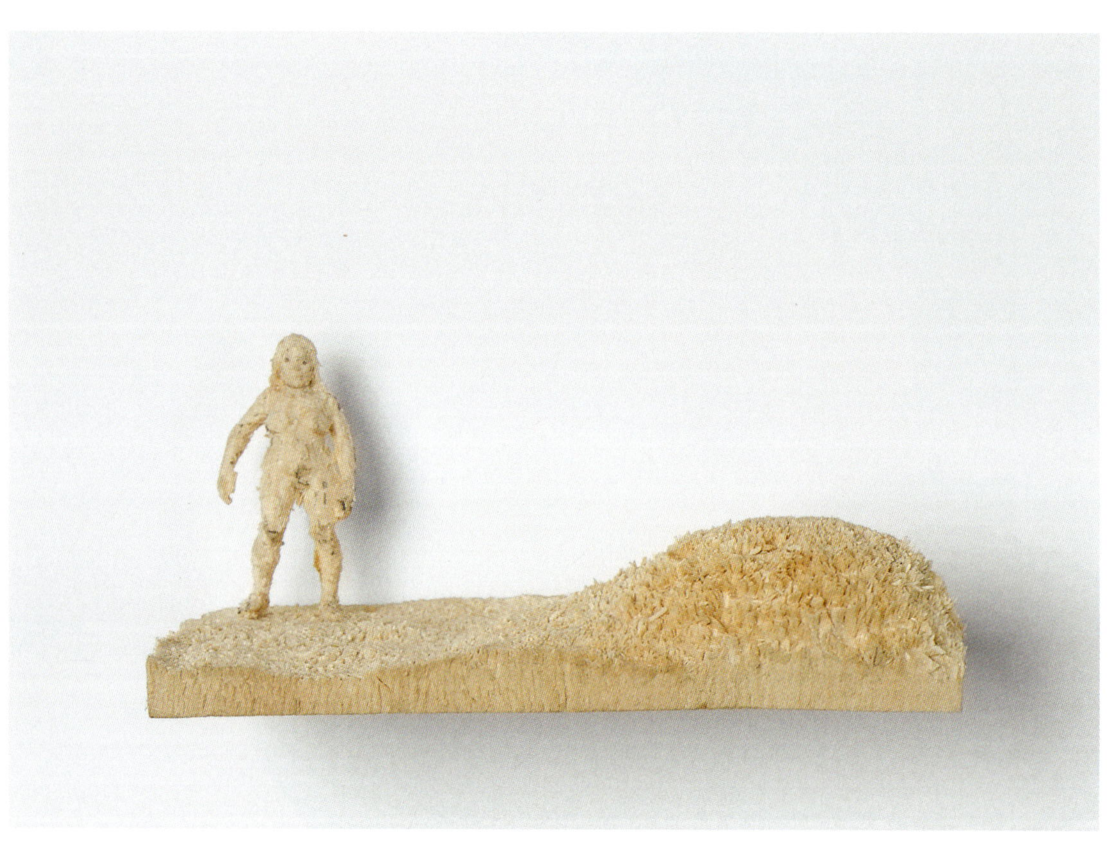

Garten 2, 2015
Zirbelkiefer, Grafitstift
8 × 17,2 × 12,2 cm

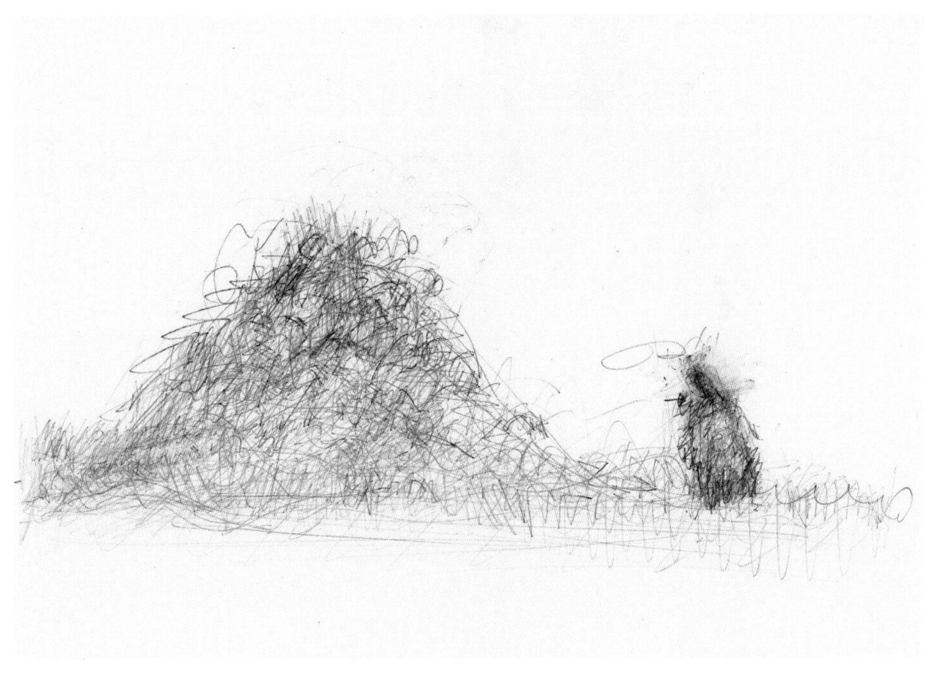

Haufen, 2015
Grafitstift, Papier
21 × 29,7 cm

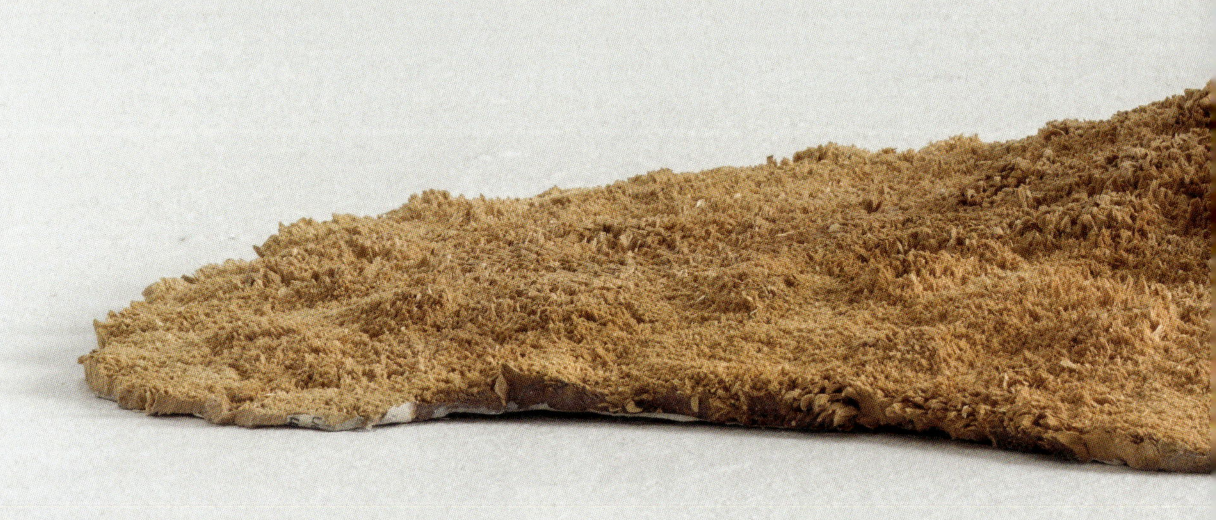

Anhäufung, 2015
Linde
10,5 × 50 × 36 cm

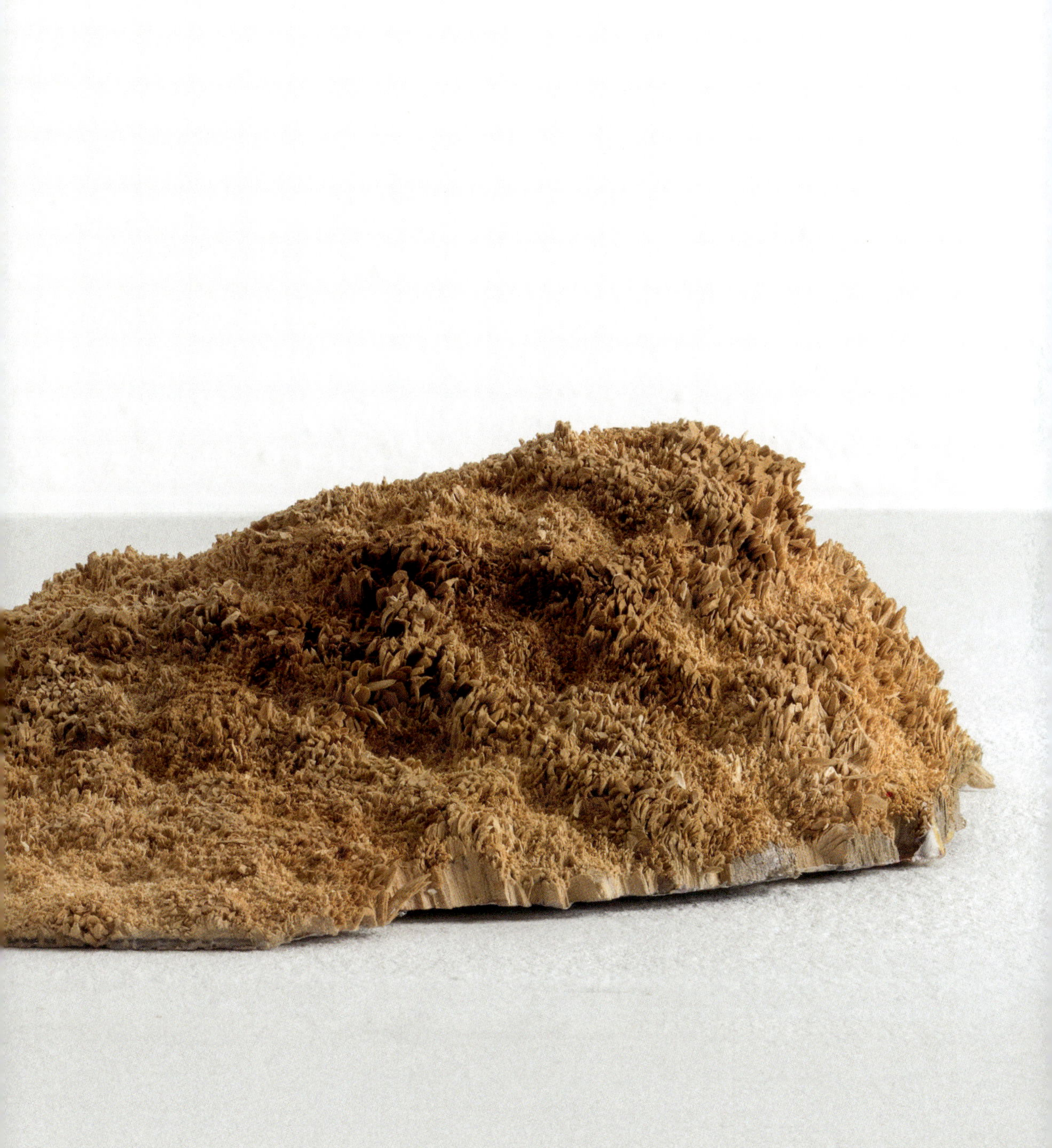

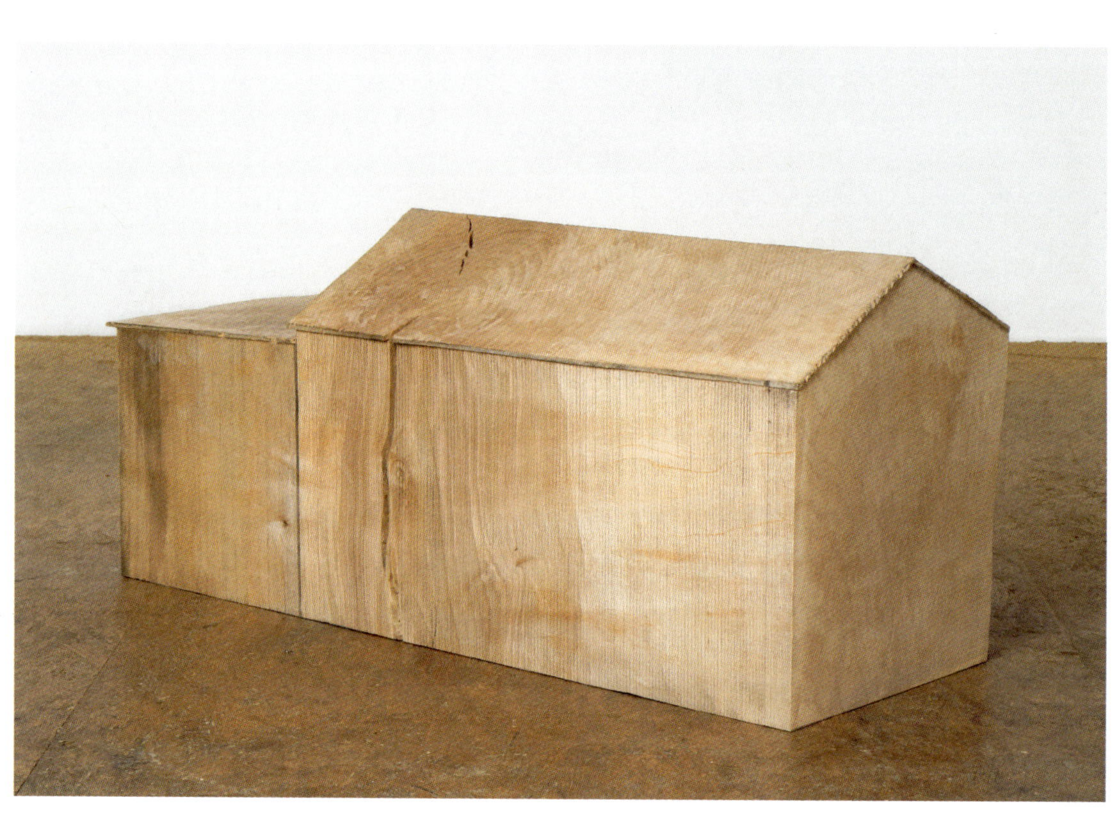

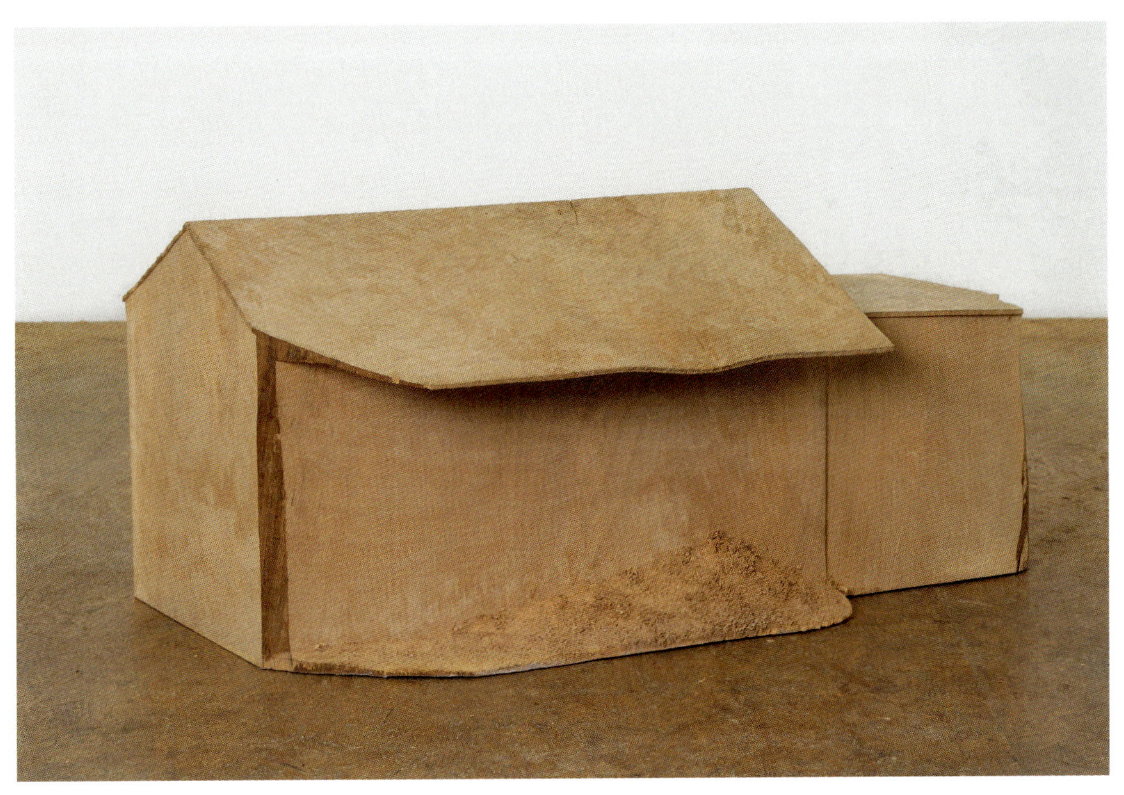

Feldstadl, 2015
Erle, Grafitstift
27,5 × 61 × 31 cm

Gras, 2019
Grafitstift, Papier
18,7 × 27,9 cm

kleiner Misthaufen, 2016
Linde
17 × 32 × 25 cm

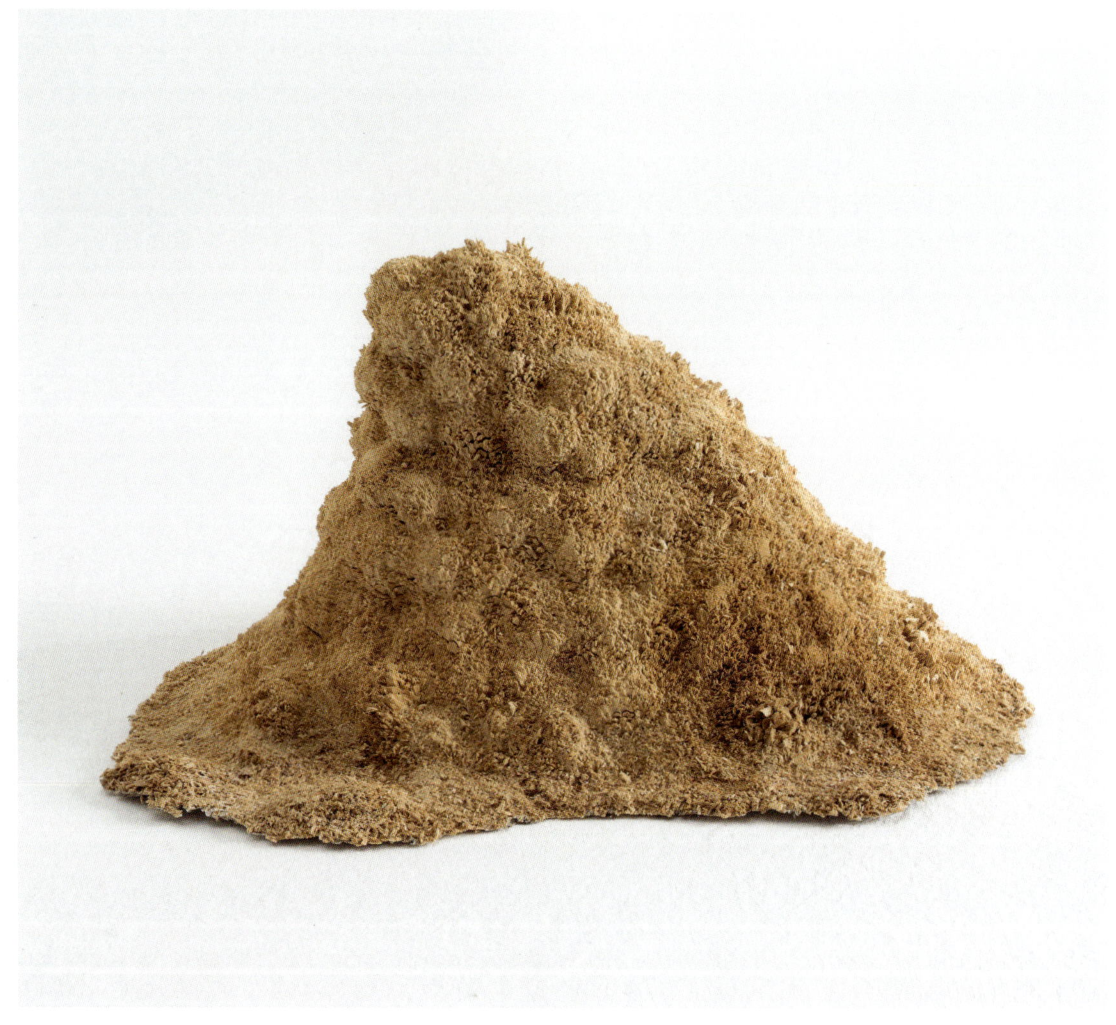

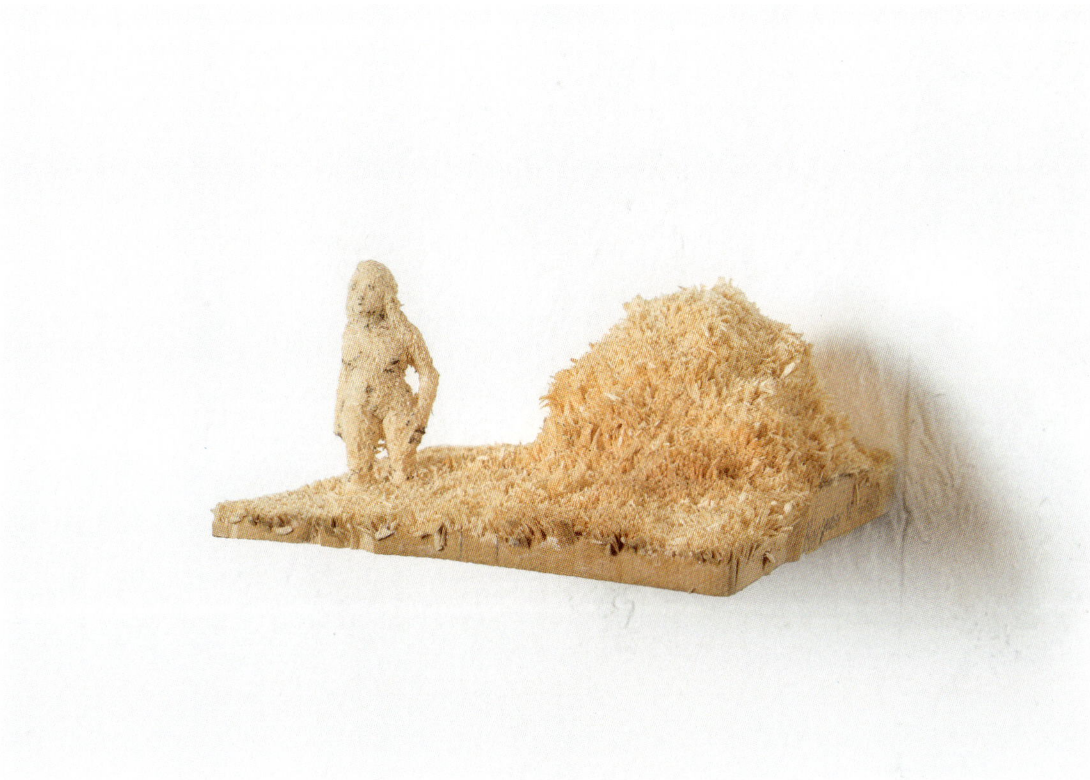

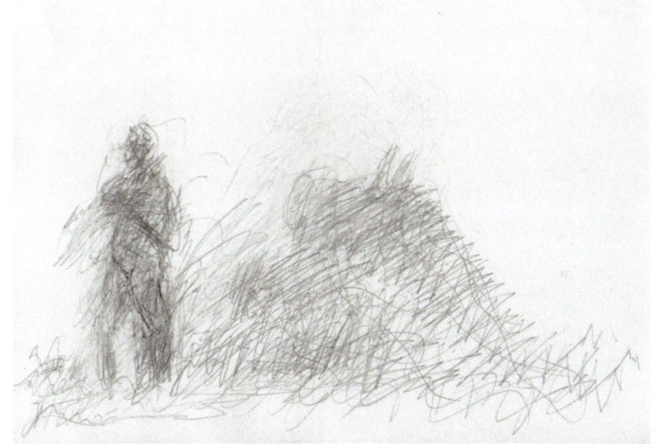

Garten 3, 2015/16
Zirbelkiefer, Grafitstift
5 × 10,5 × 10,5 cm

Komposthaufen 1, 2015
Grafitstift, Papier
21 × 29,7 cm

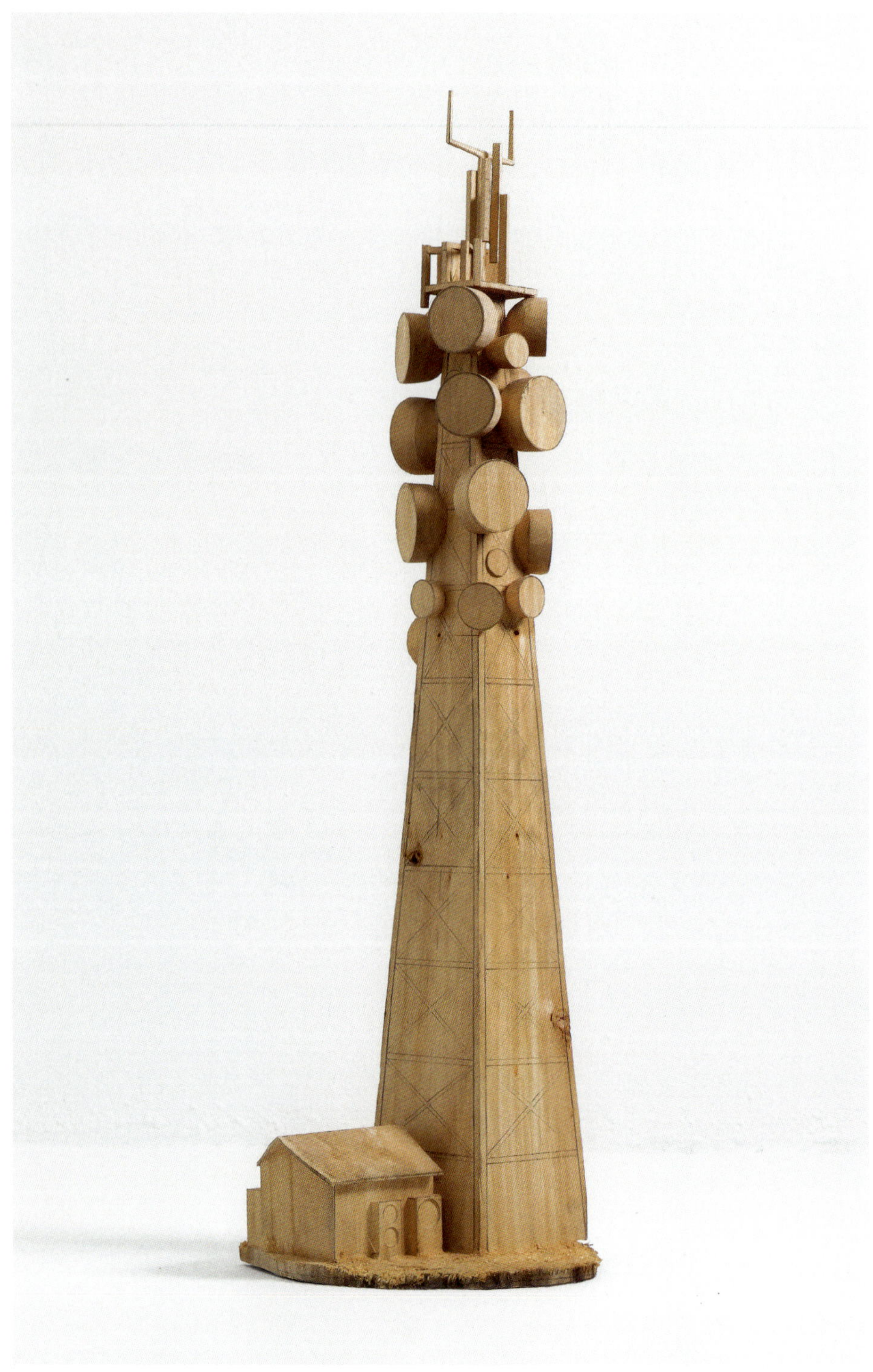

Sendemasten, 2015/16
Linde, Grafitstift
95 × 33 × 25 cm

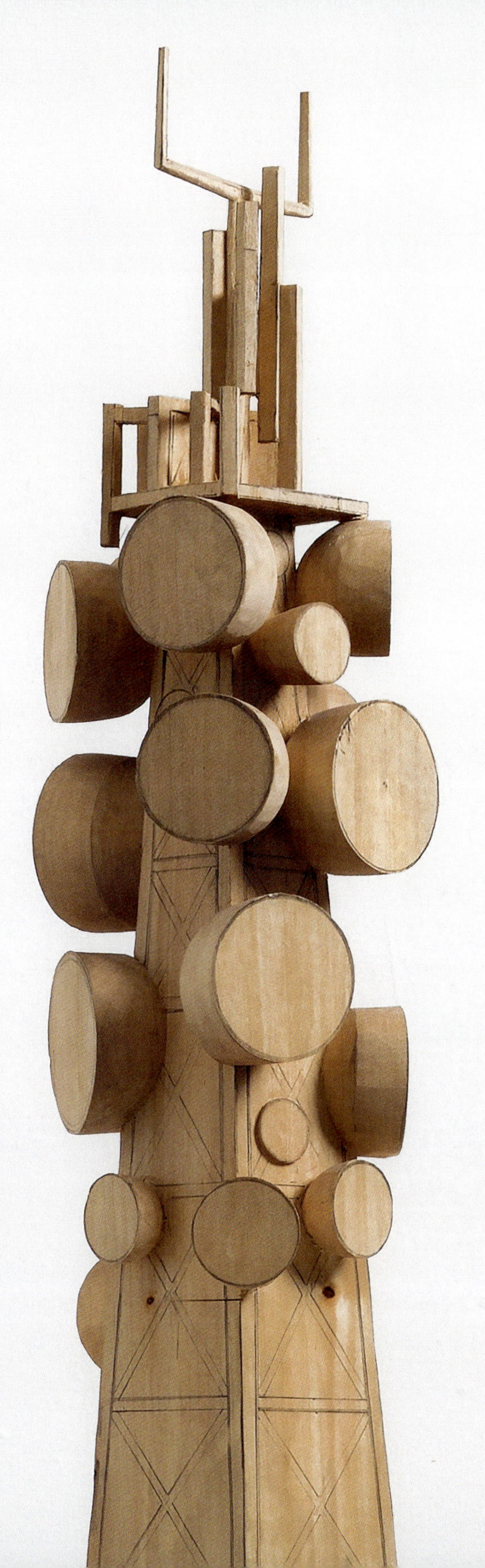

Overall, 2016
Buchsbaum, Grafitstift
7 × 5 × 4 cm

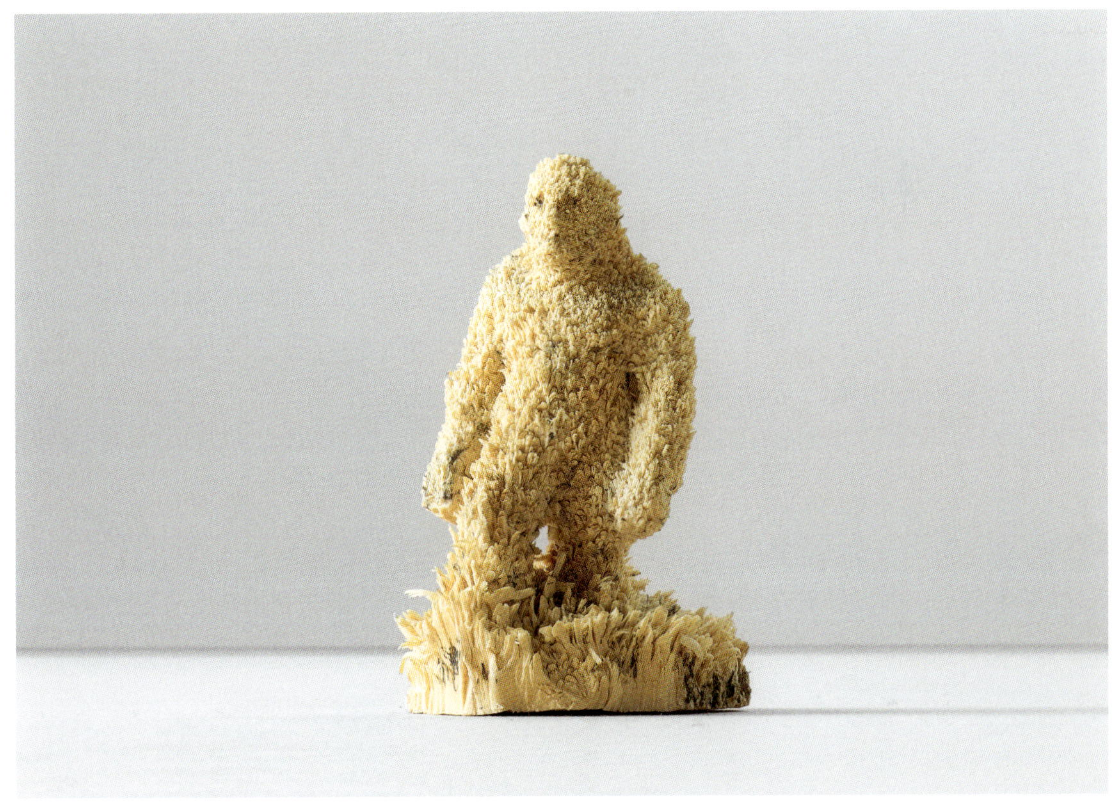

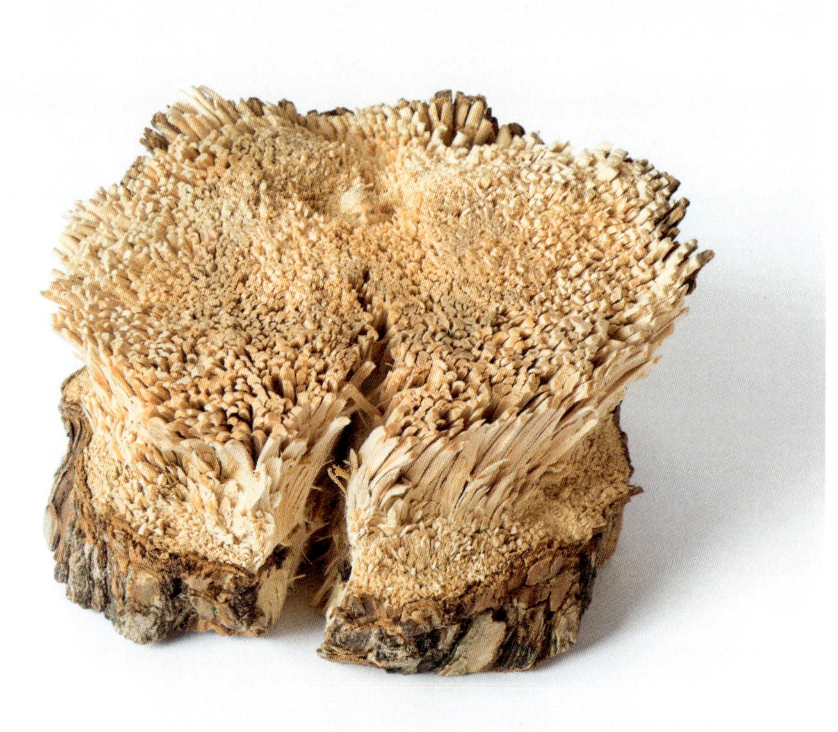

im Garten 1, 2016
Holunder, Grafitstift
11 × 17 × 16 cm

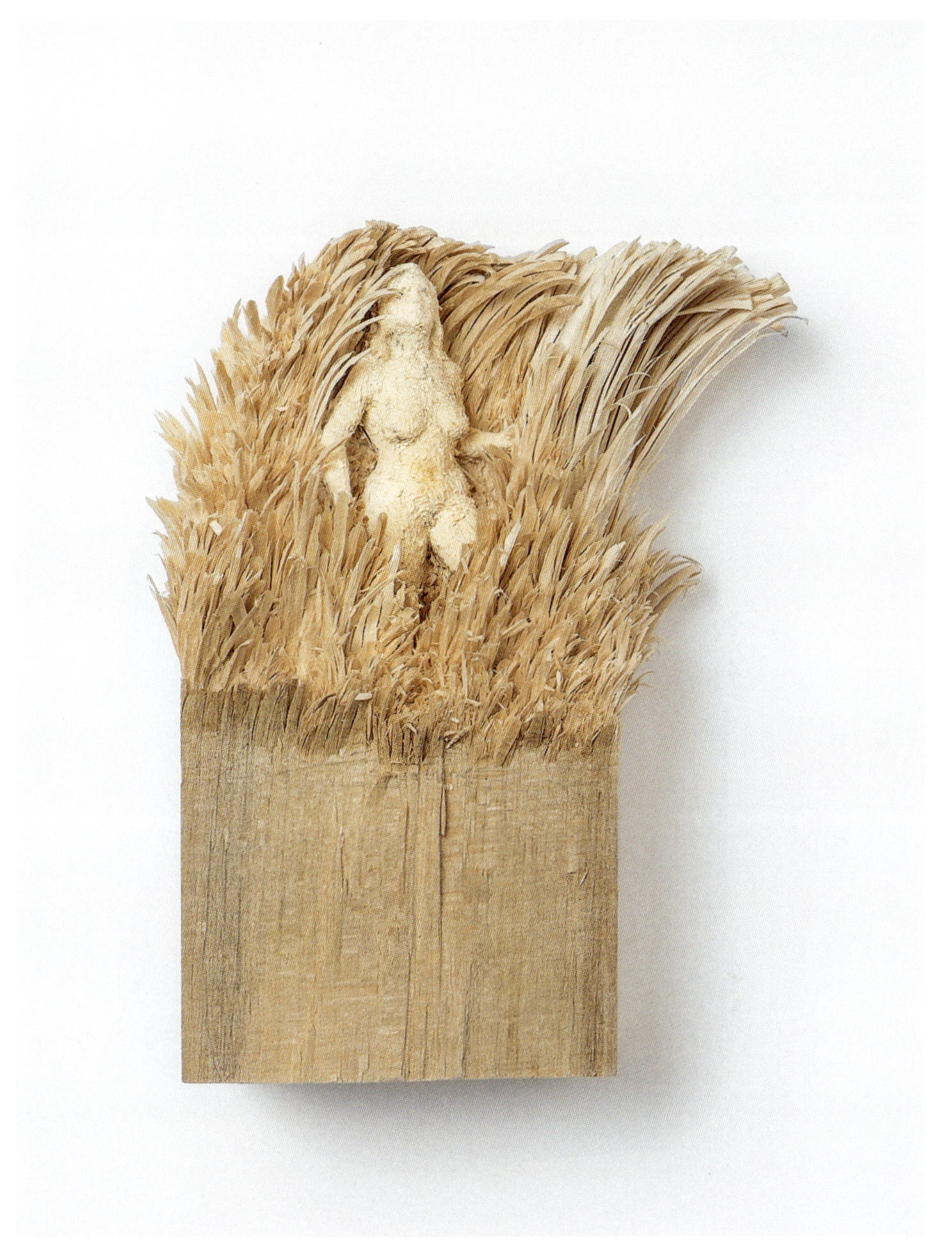

im Garten 2, 2016
Linde, Grafitstift
17,5 × 14 × 7,5 cm

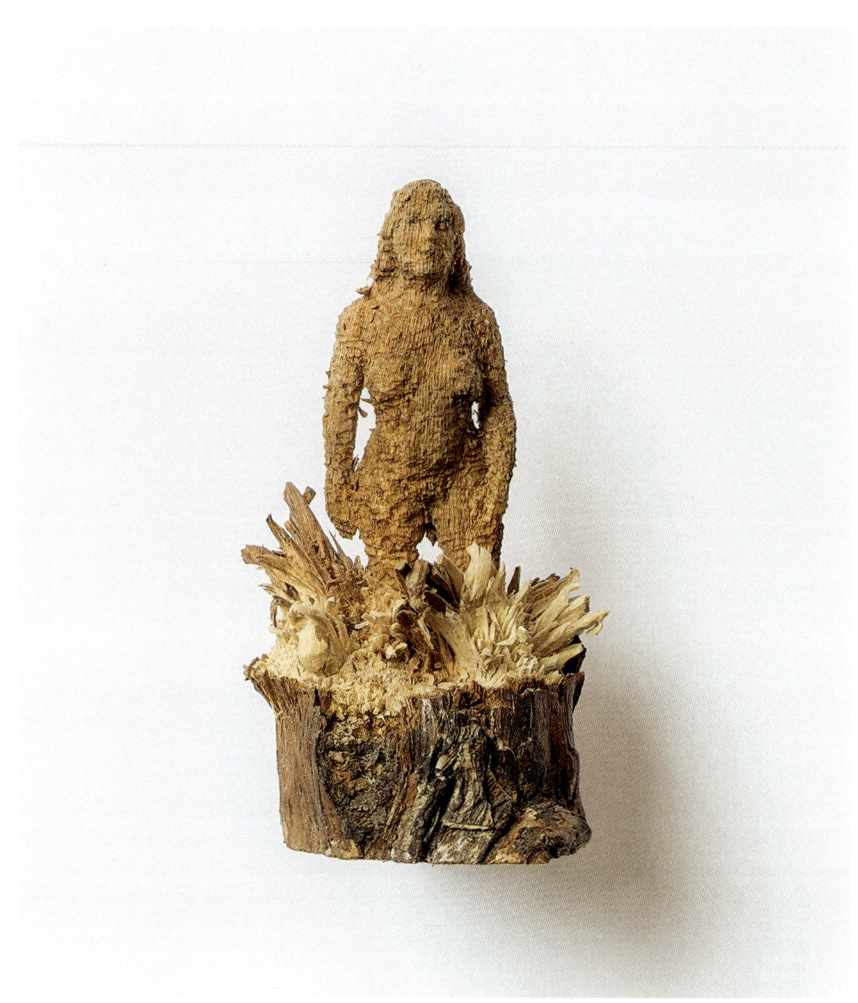

im Garten 3, 2016
Rosenholz, Grafitstift, Aquarell
8,5 × 5,5 × 5 cm

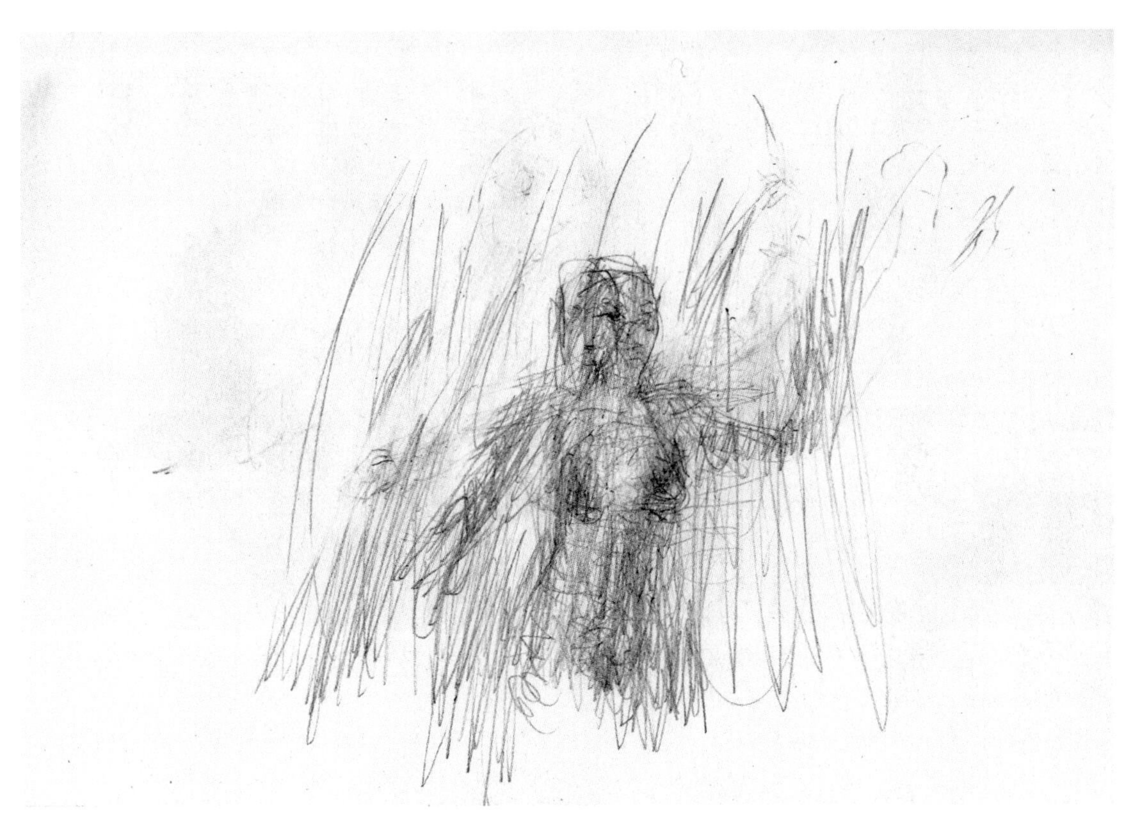

im Gras, 2019
Grafitstift, Papier
13,7 × 20,5 cm

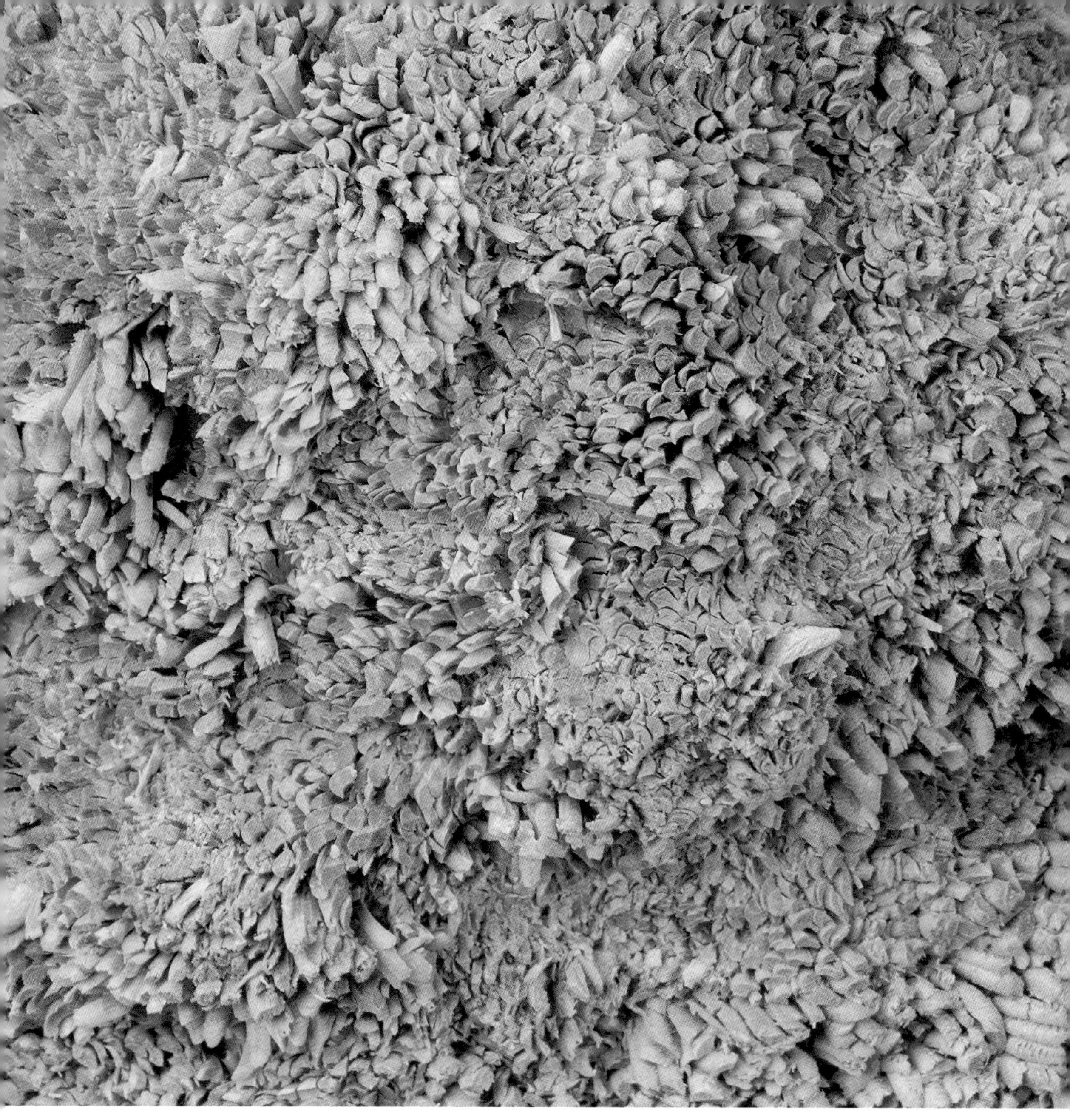

Komposthaufen, 2017
Linde, Grafitstift
8 × 21 × 16 cm

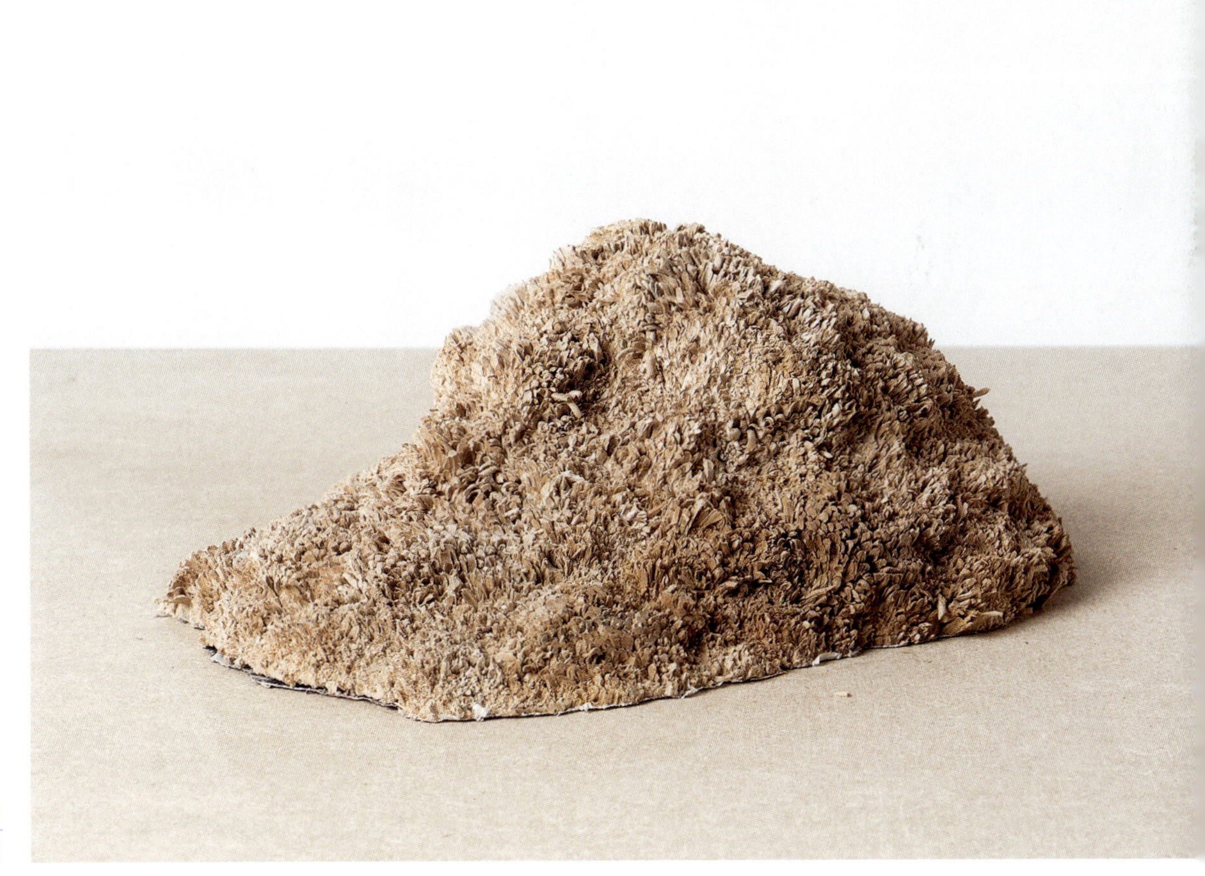

Lagerhallen, 2016
Linde, Grafitstift
14,5 × 73,5 × 45 cm

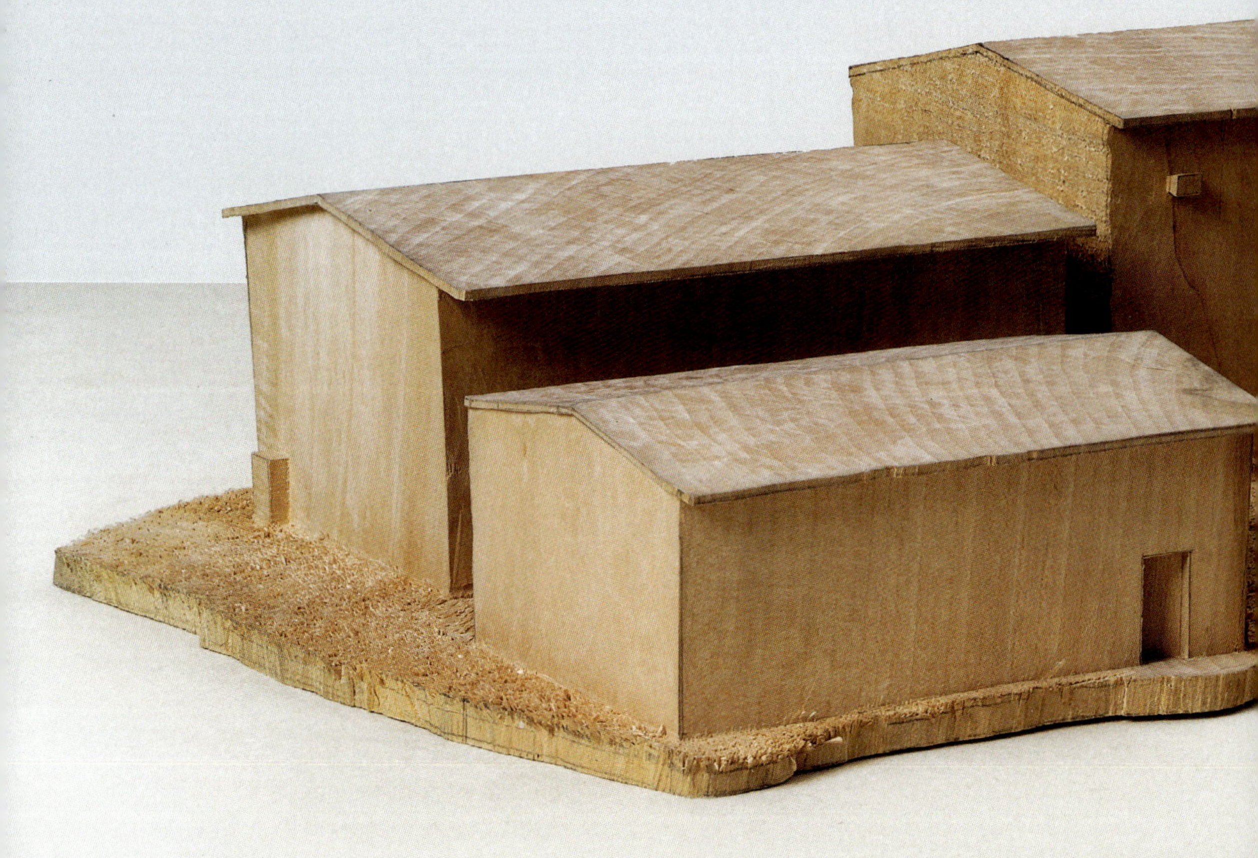

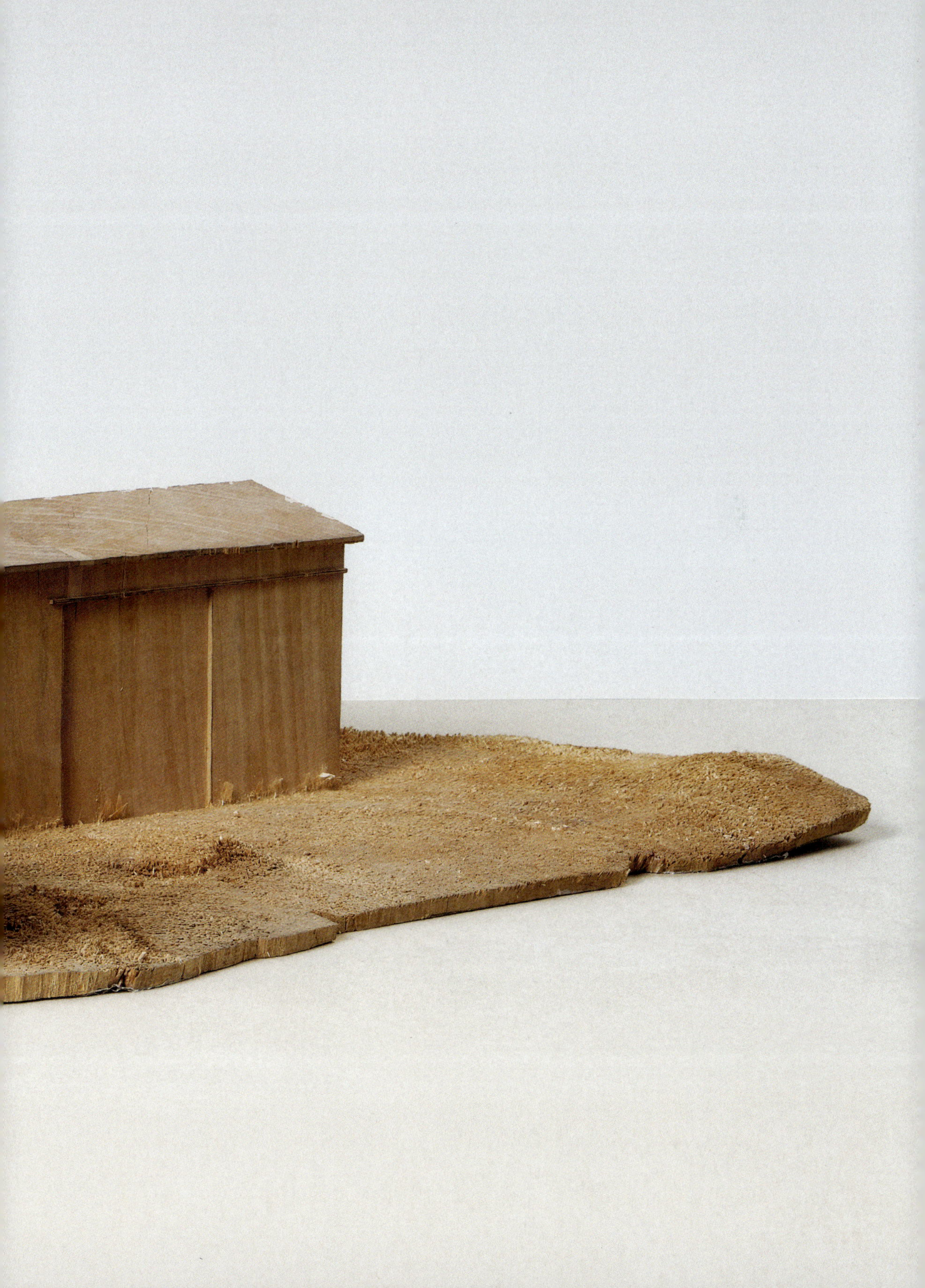

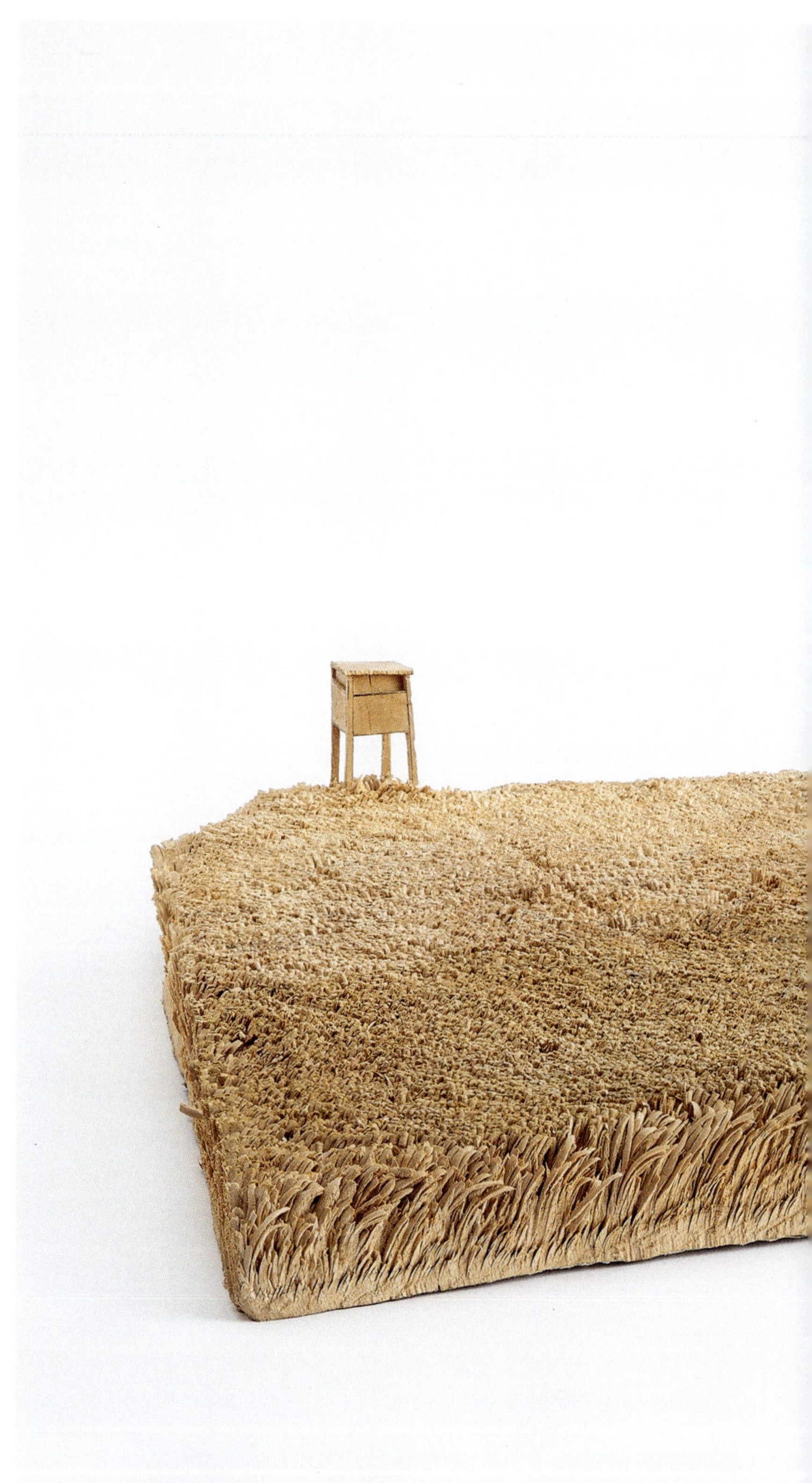

Feld, 2017
Linde, Grafitstift
10,5 × 68,5 × 42,5 cm

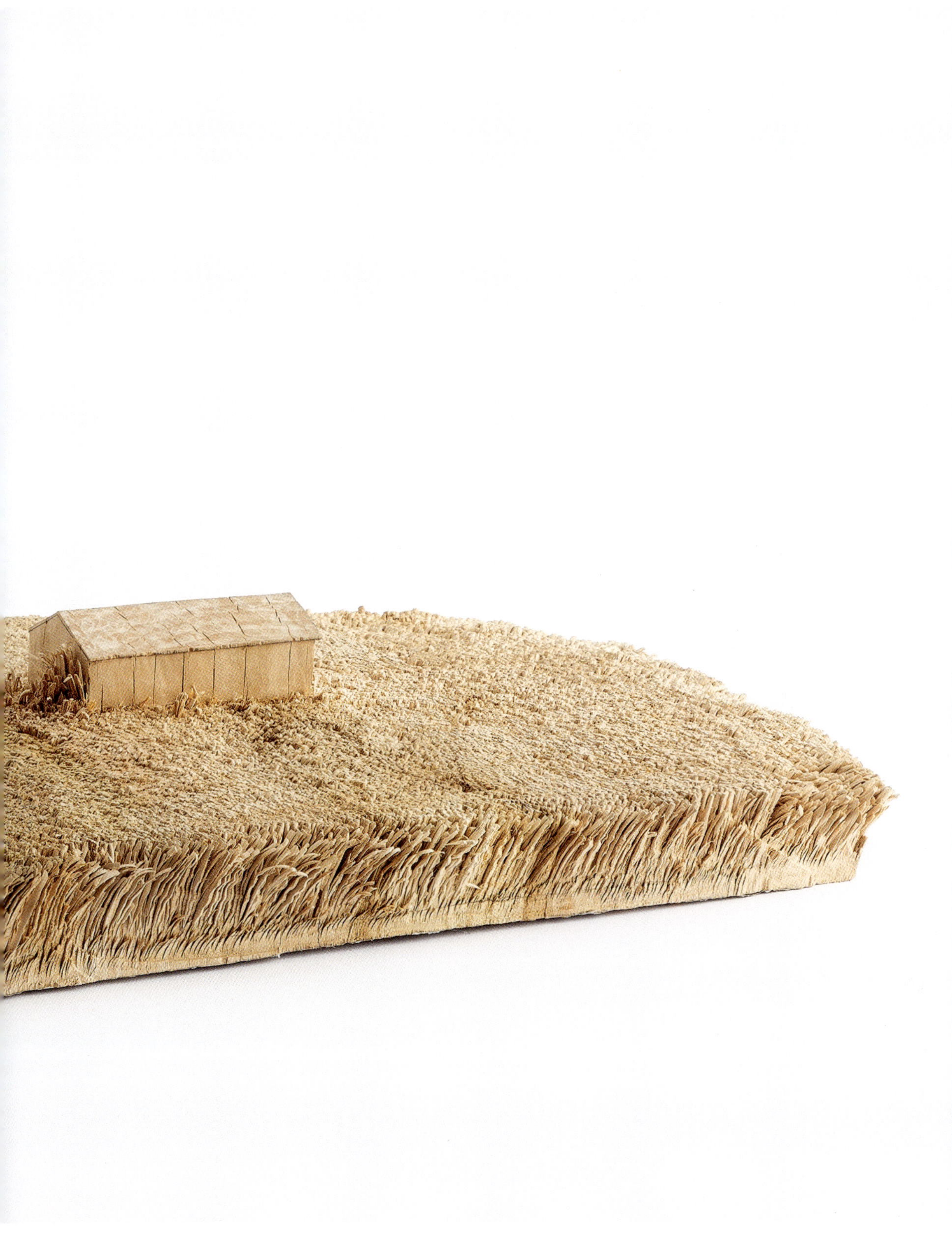

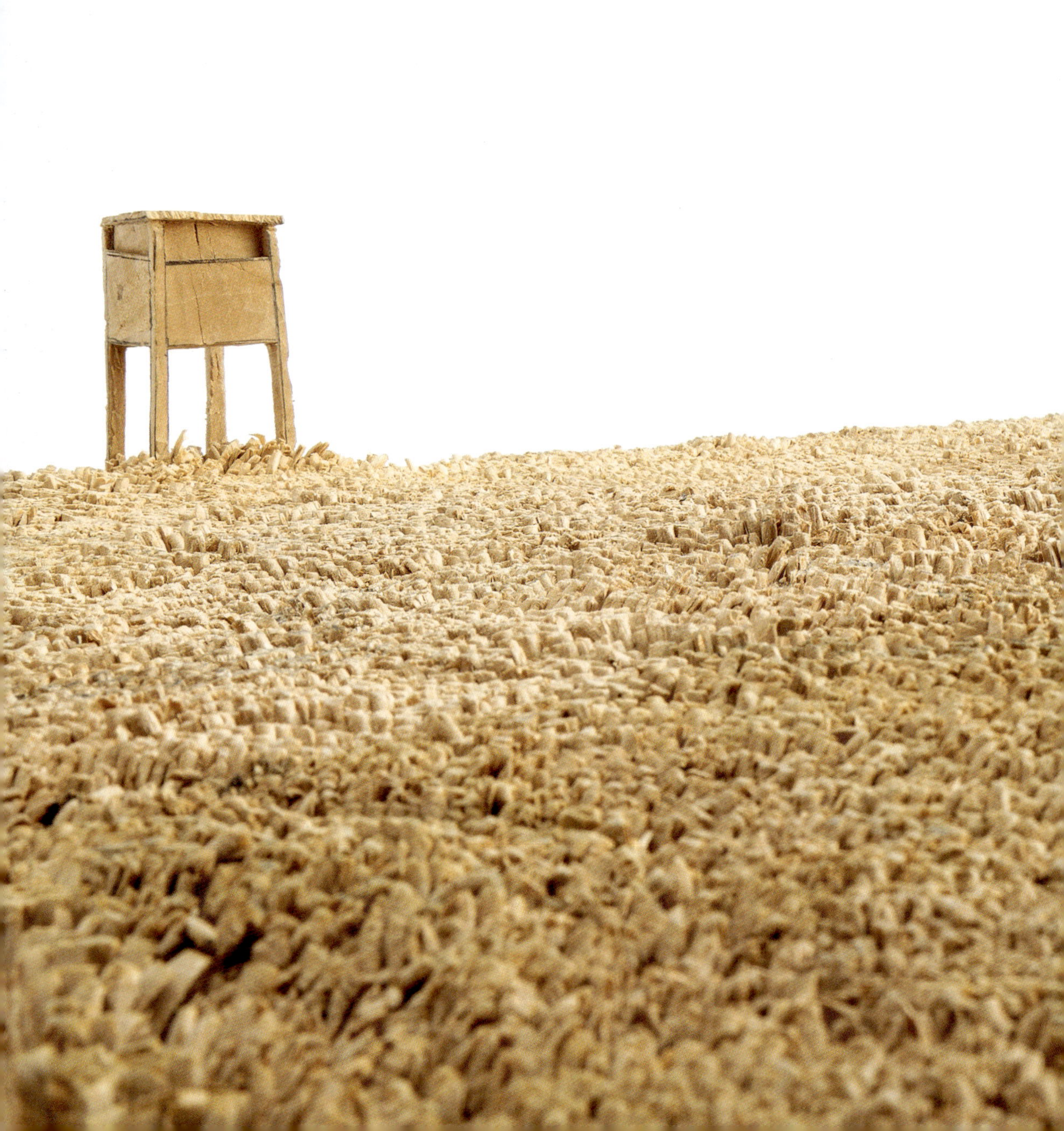

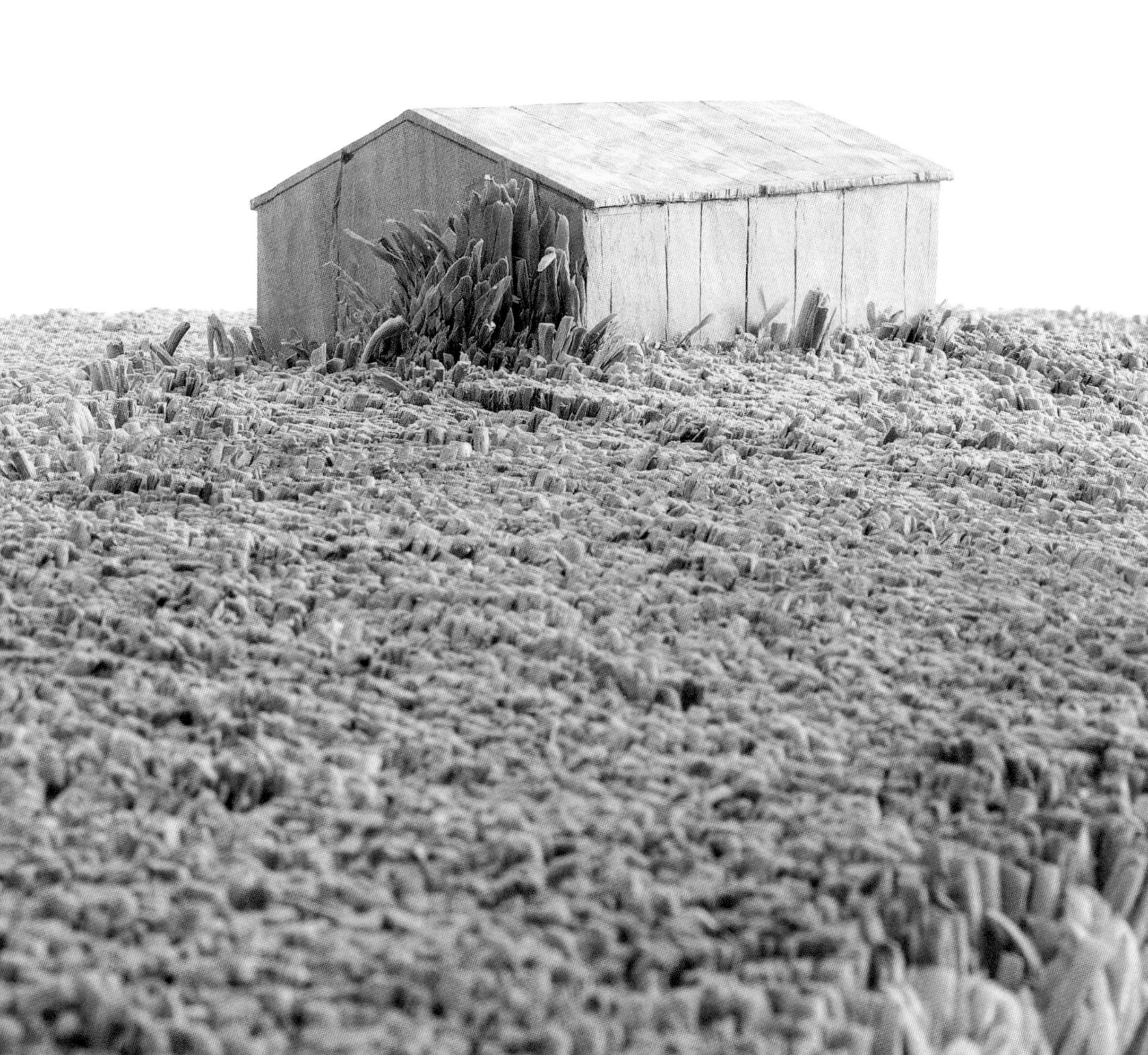

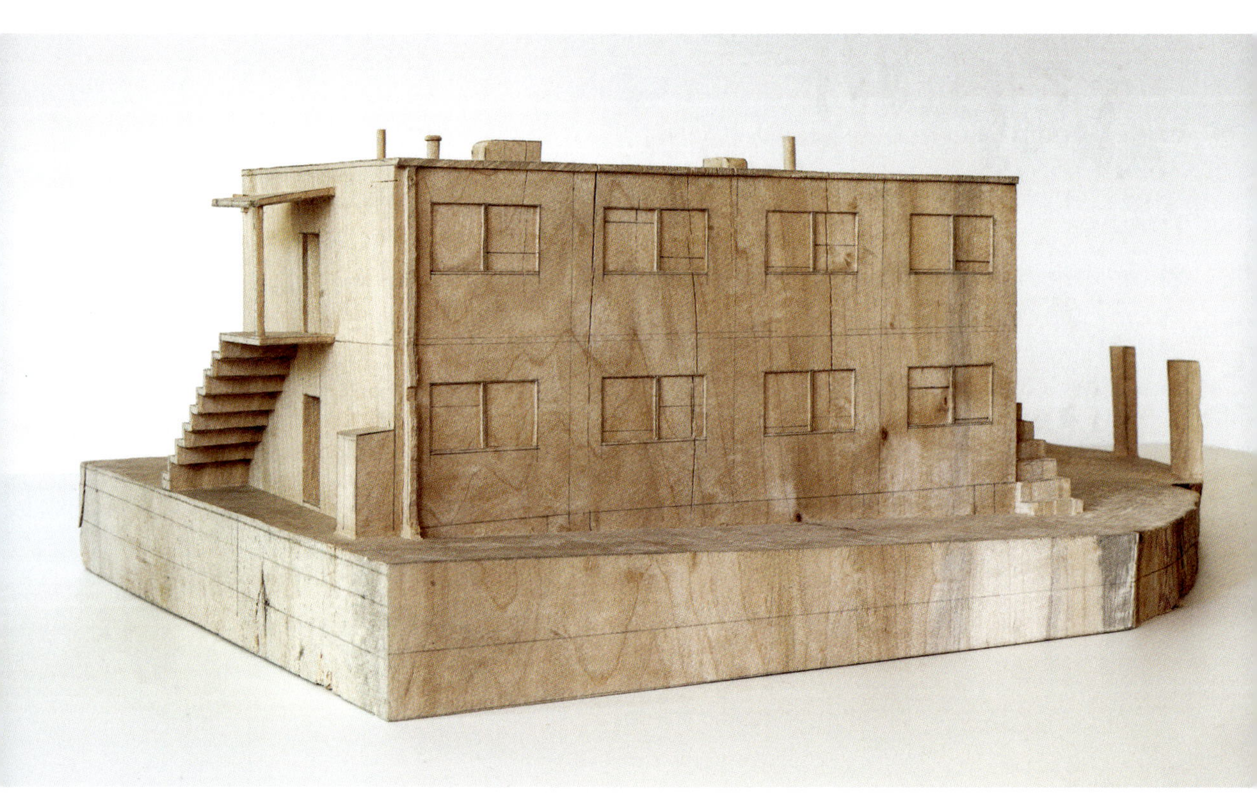

Unterkunft, 2017
Linde, Grafitstift
23 × 63,5 × 40,5 cm

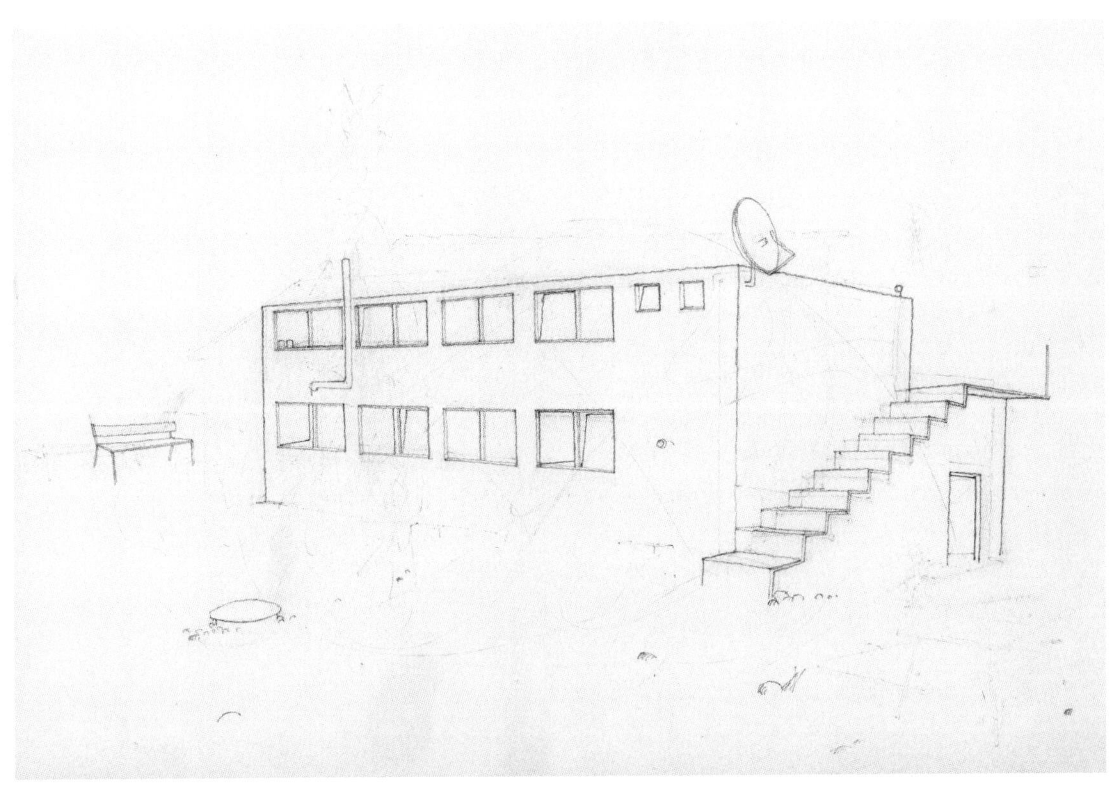

Unterkunft 2, 2017
Grafitstift, Papier
21 × 29,7 cm

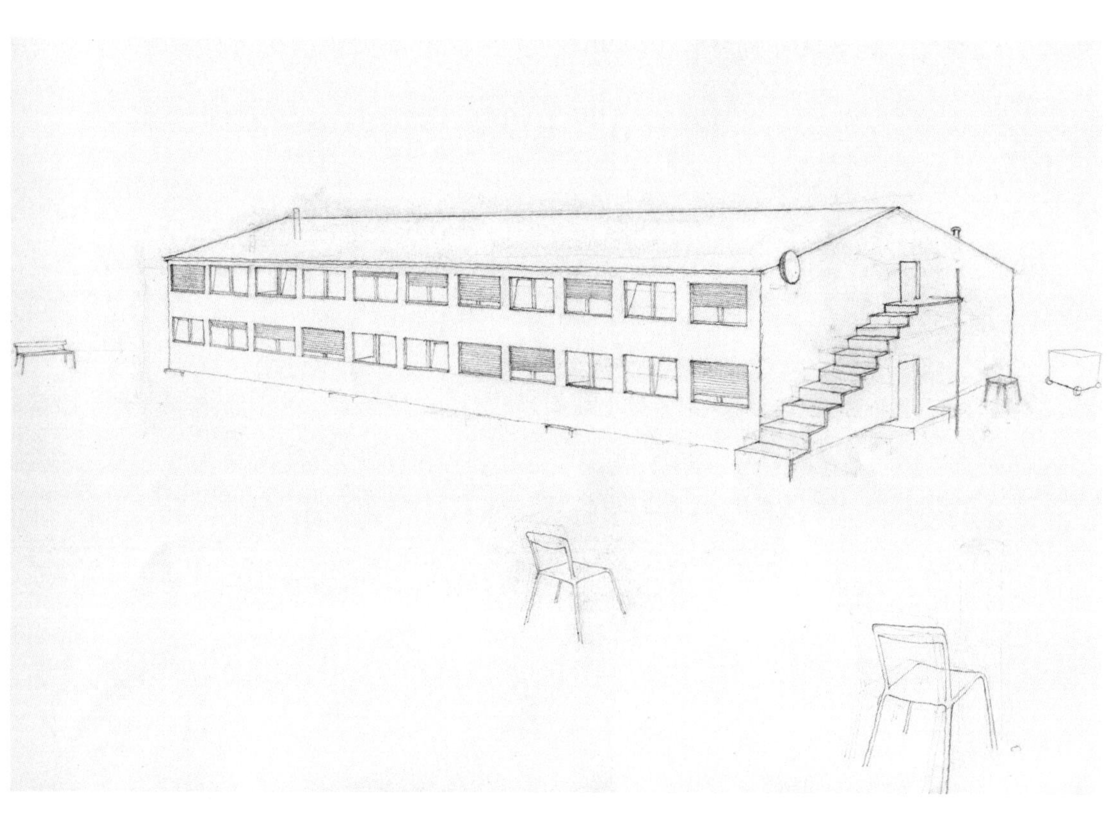

Unterkunft 1, 2017
Grafitstift, Papier
22,5 × 31 cm

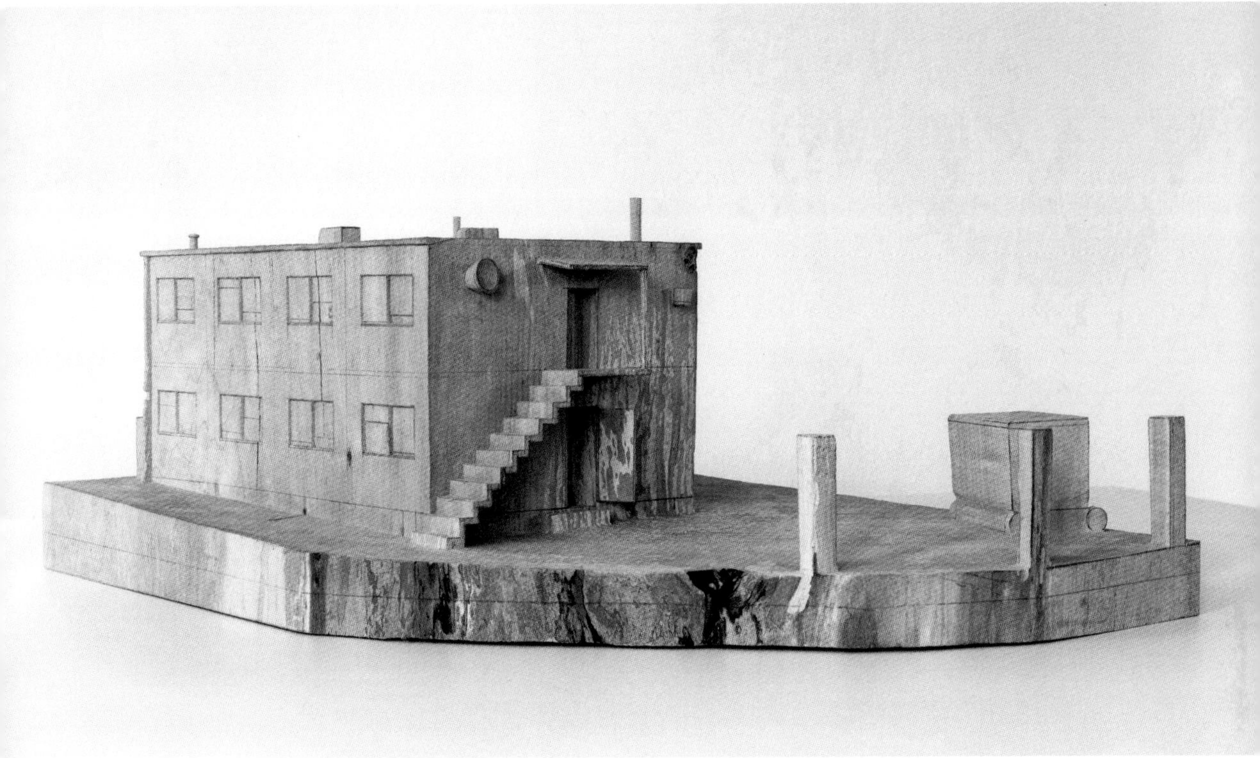

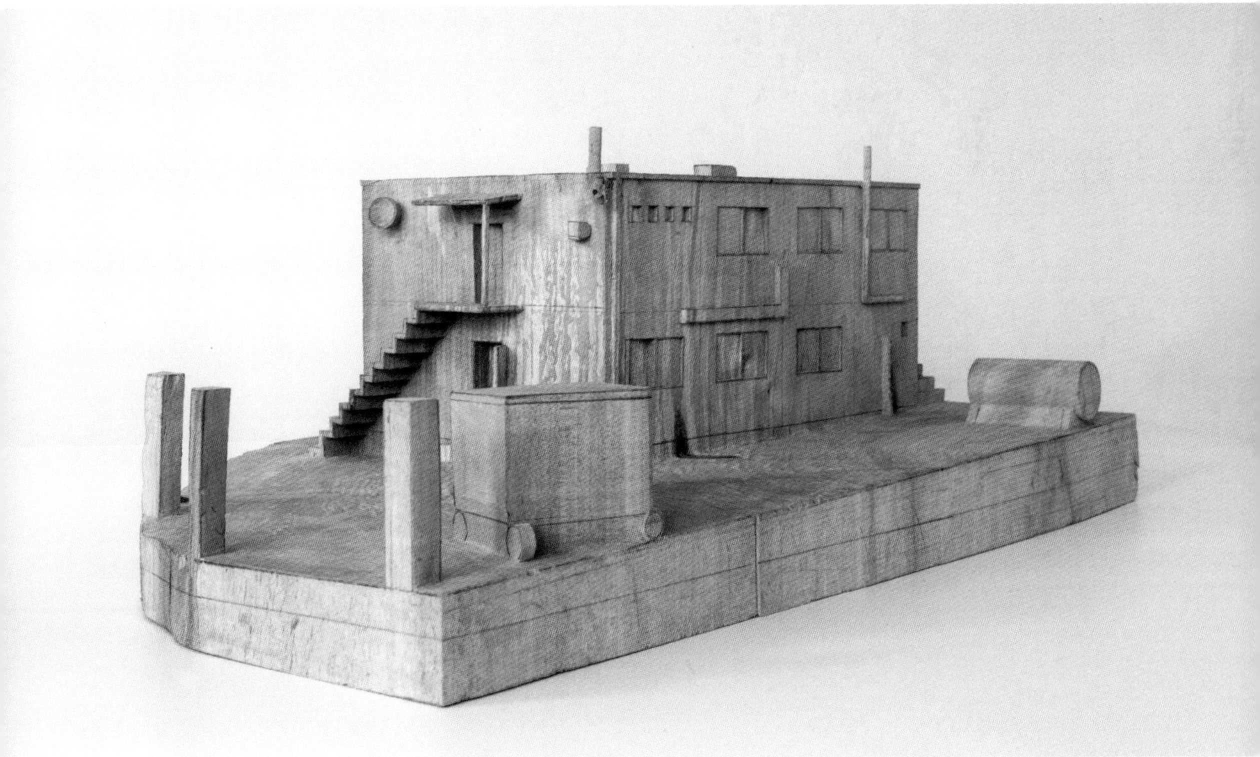

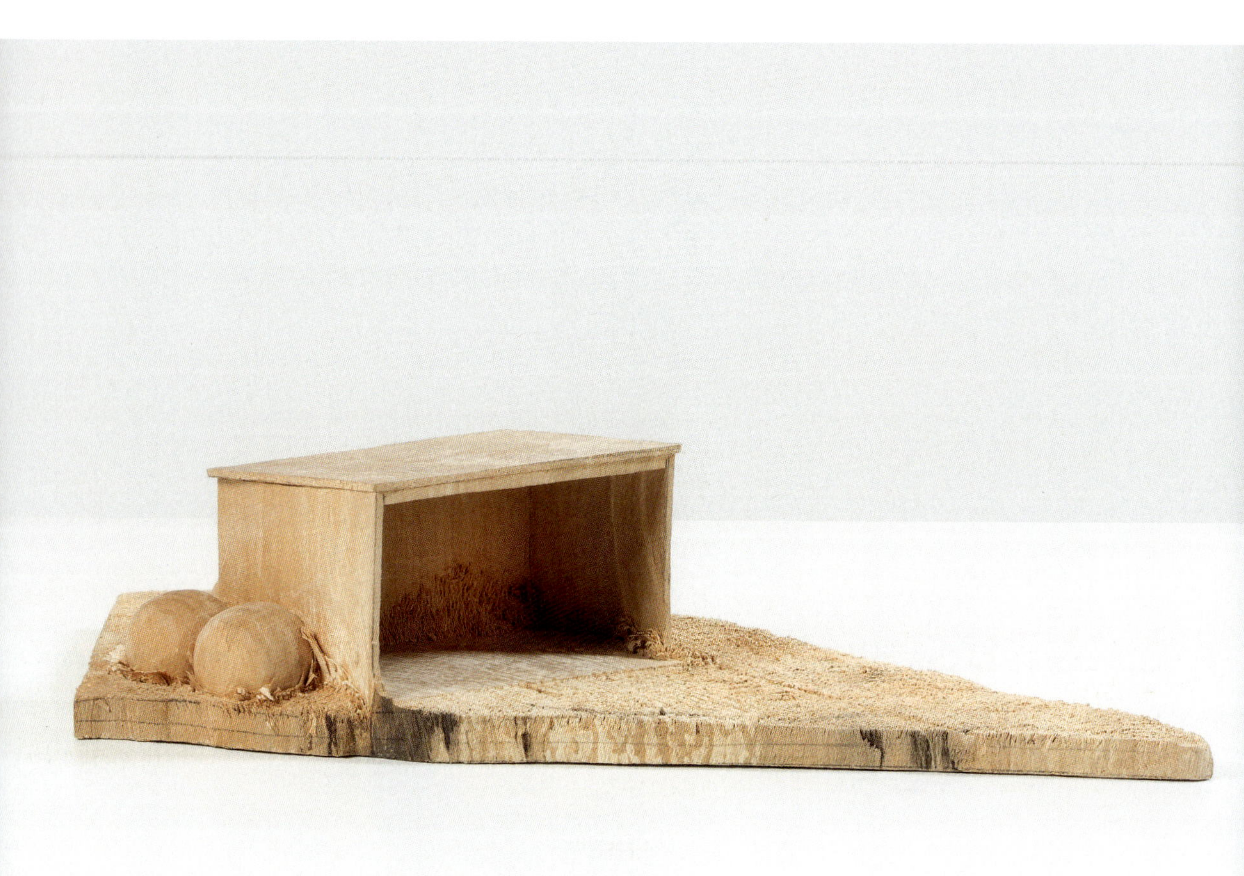

Unterstand, 2017
Linde, Grafitstift
9,5 × 38,5 × 23 cm

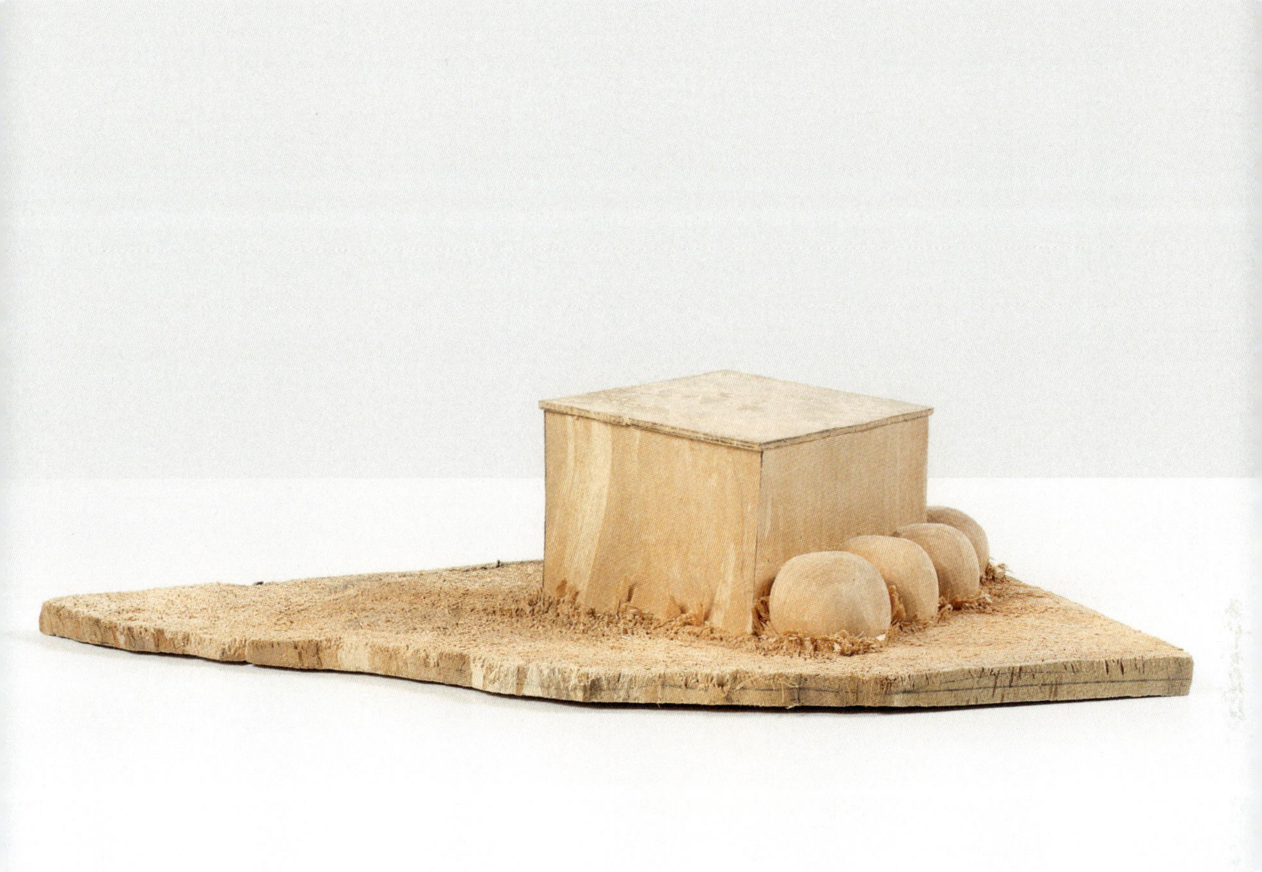

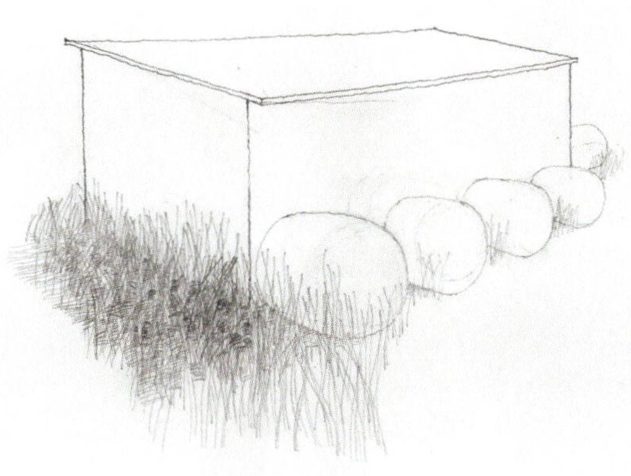

Unterstand, 2017
Grafitstift, Papier
22,5 × 31 cm

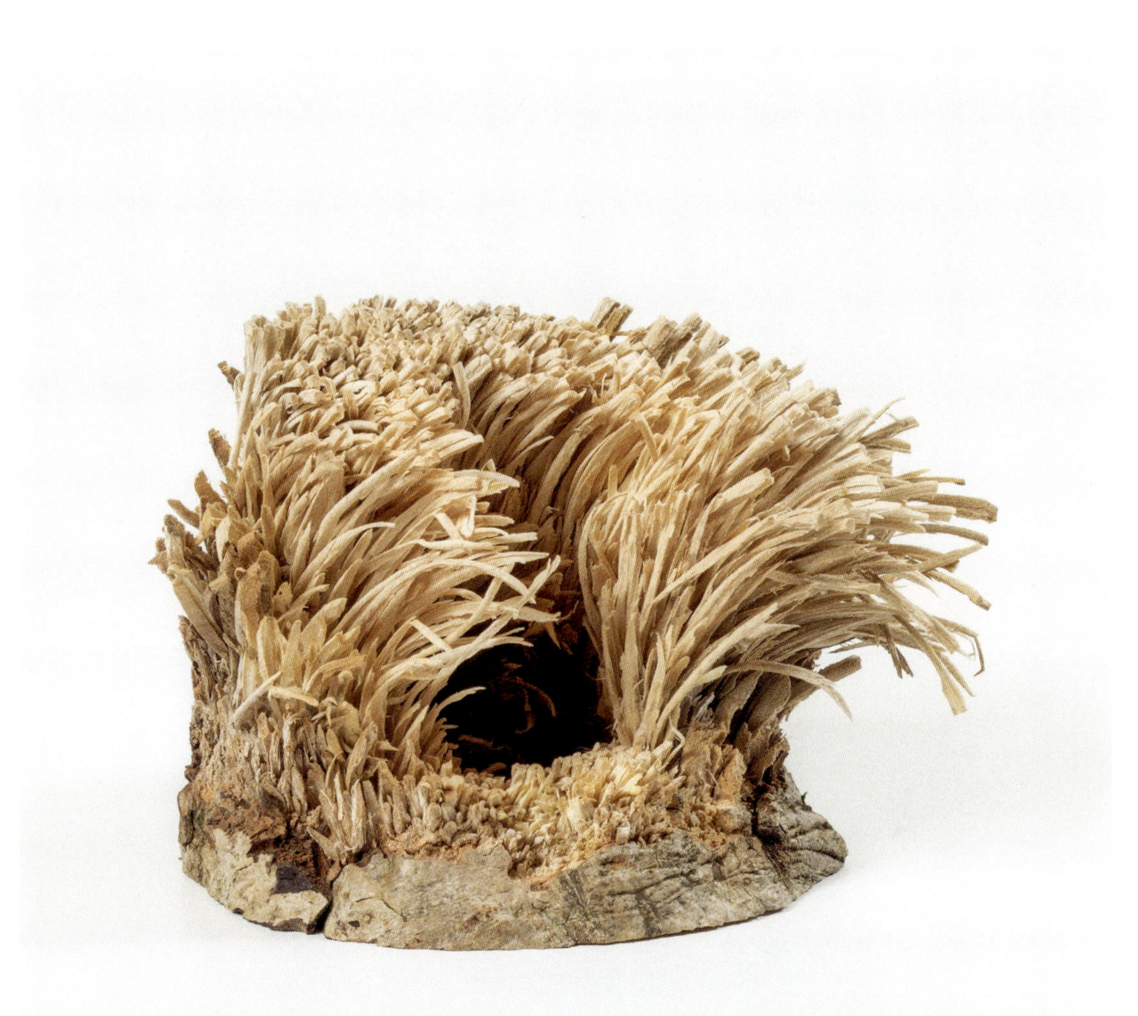

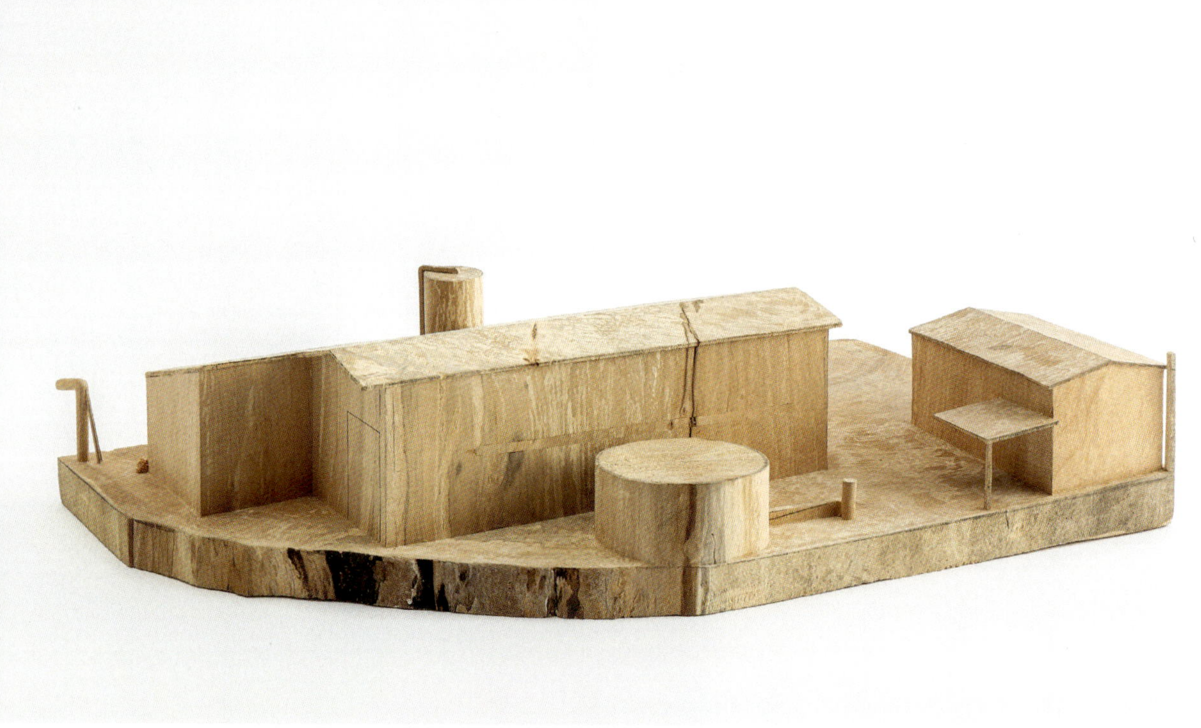

Stallung, 2018
Linde, Grafitstift
15 × 63 × 41 cm

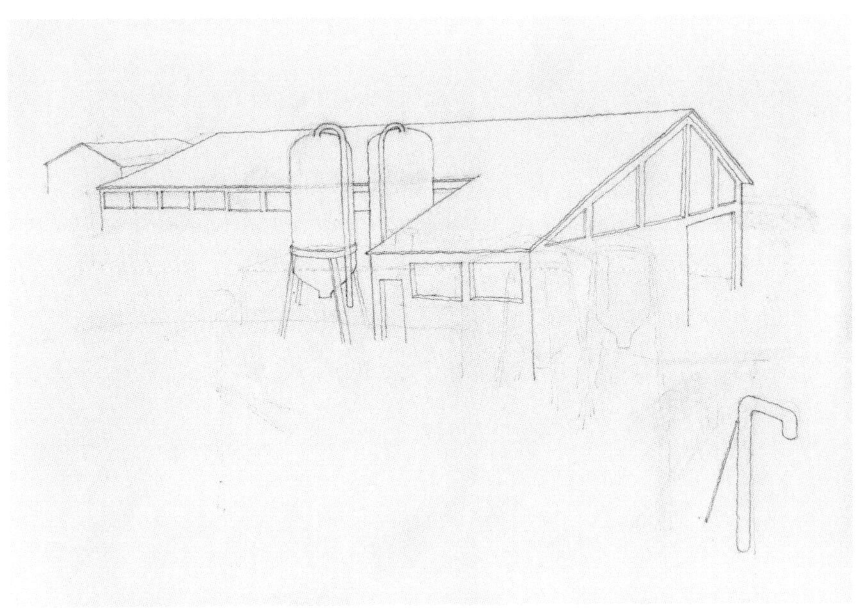

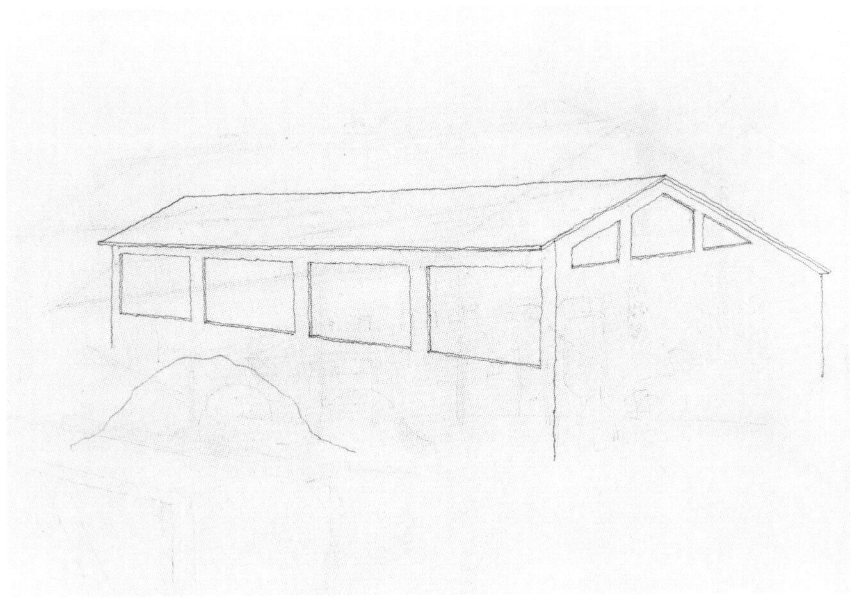

Stallung 1, 2018
Grafitstift, Papier
22,5 × 31 cm

Stallung 2, 2018
Grafitstift, Papier
22,5 × 31 cm

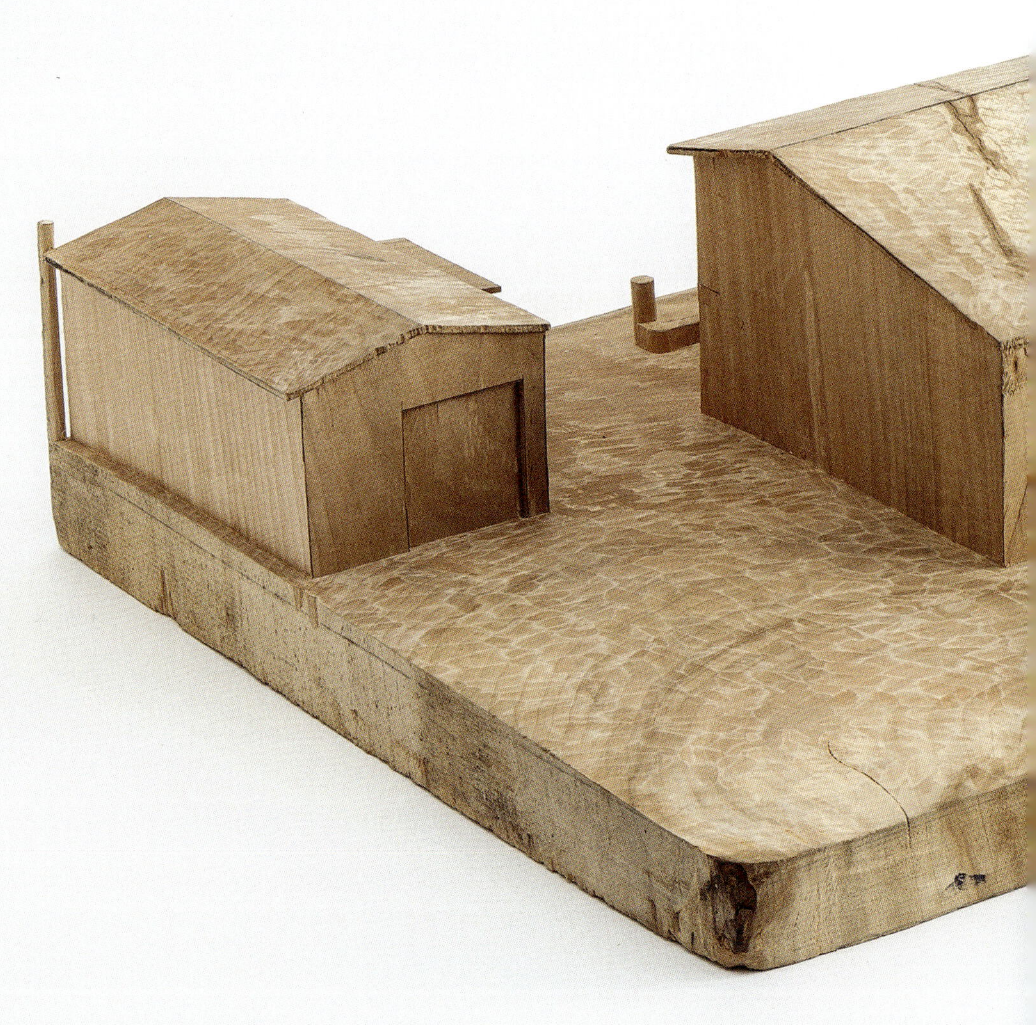

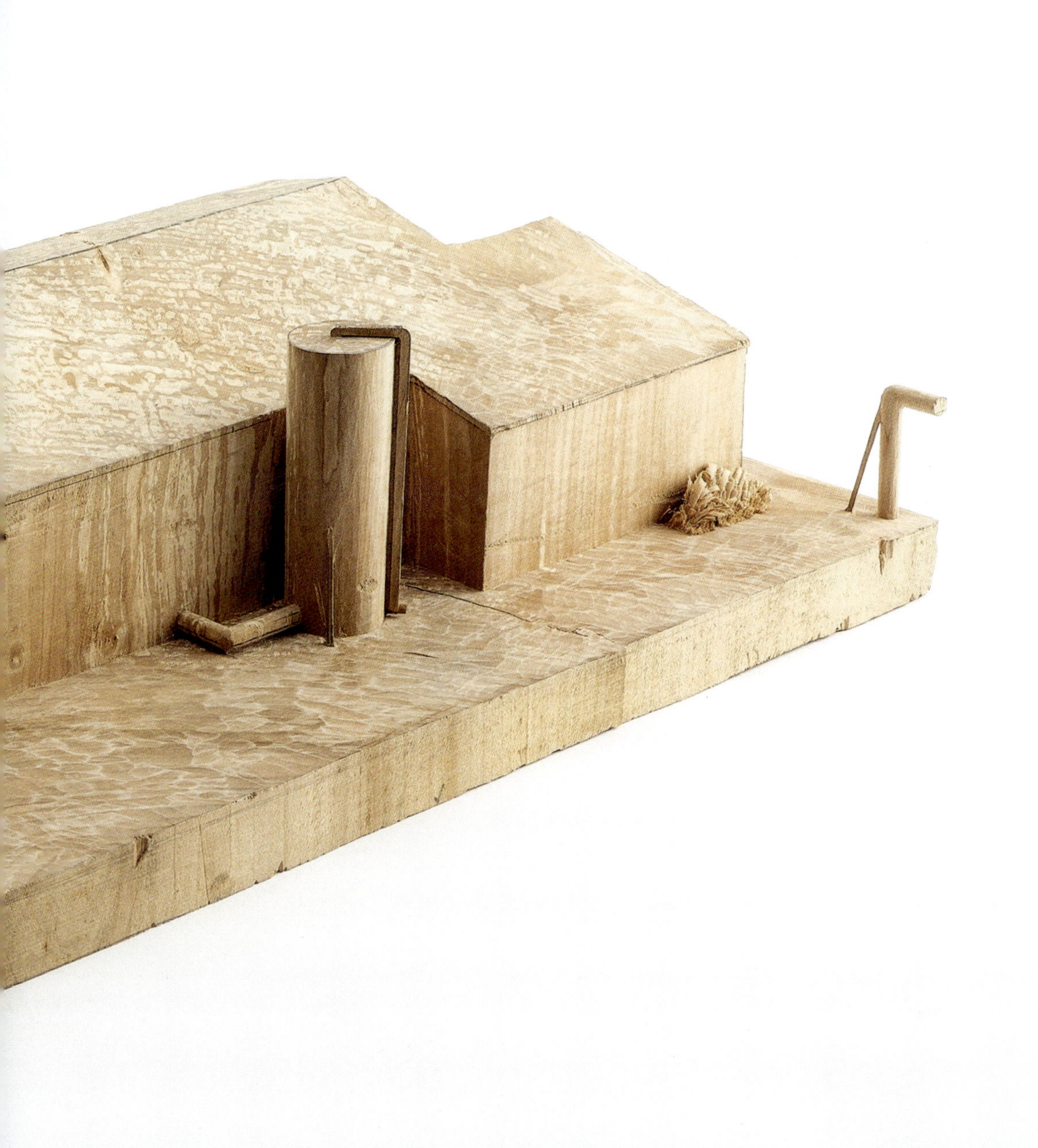

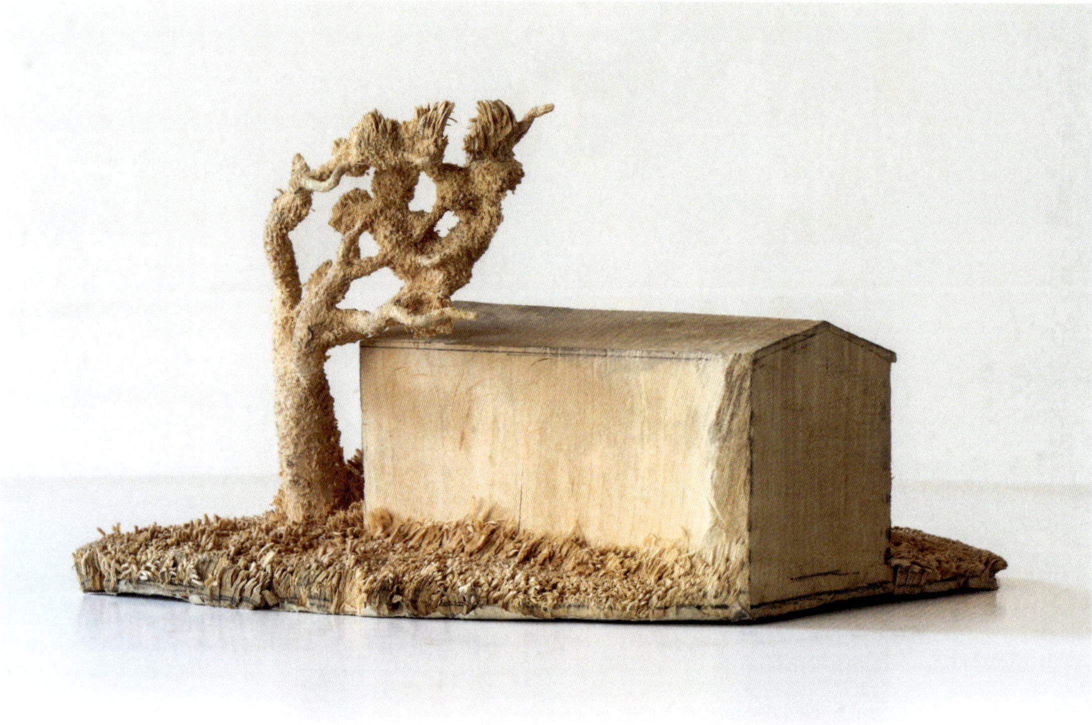

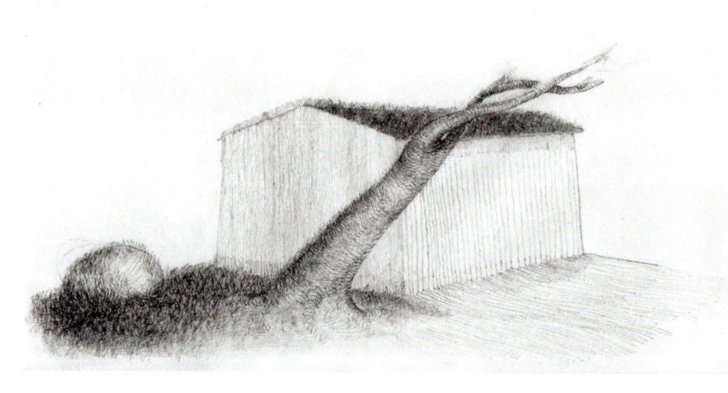

Wind, 2019
Linde, Grafitstift
15,5 × 22,5 × 23 cm

Wind, 2019
Grafitstift, Papier
21,5 × 31 cm

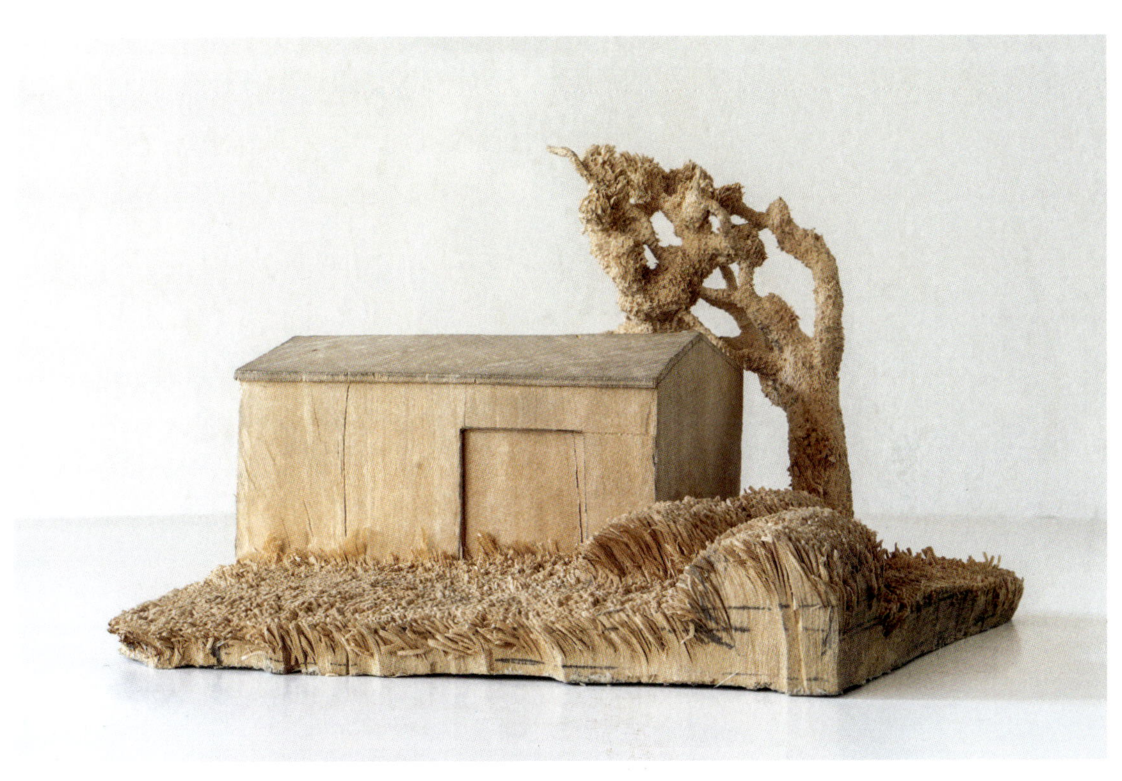

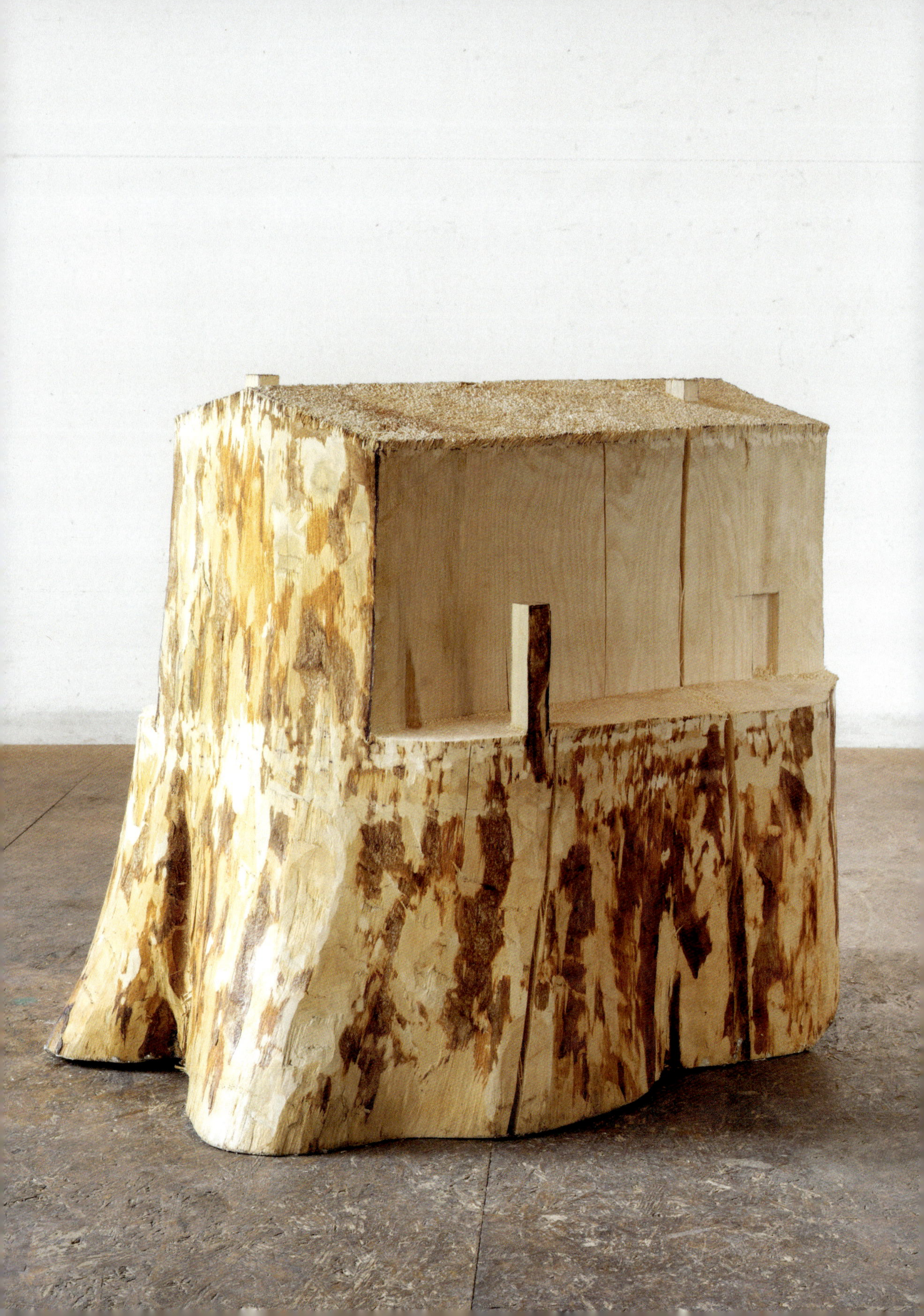

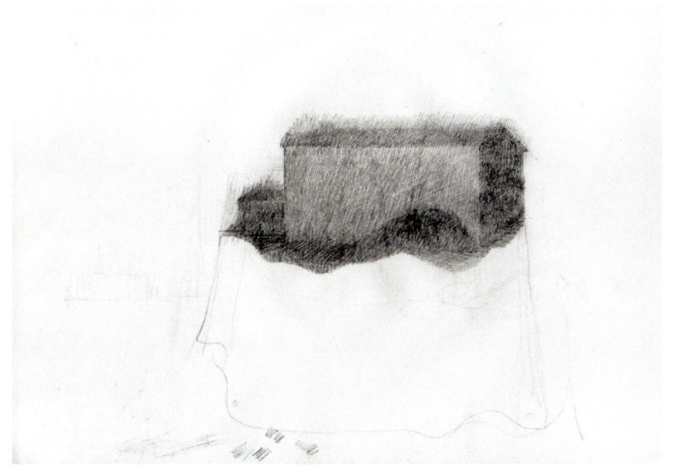

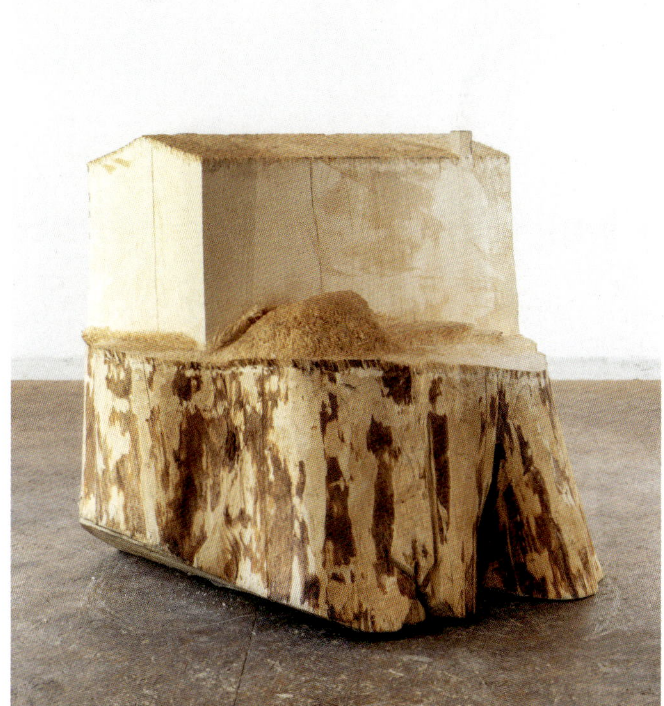

Stammhaus, 2019
Grafitstift, Papier
21,5 × 31 cm

Stammhaus, 2019
Fichte, Grafitstift
57 × 76 × 65 cm

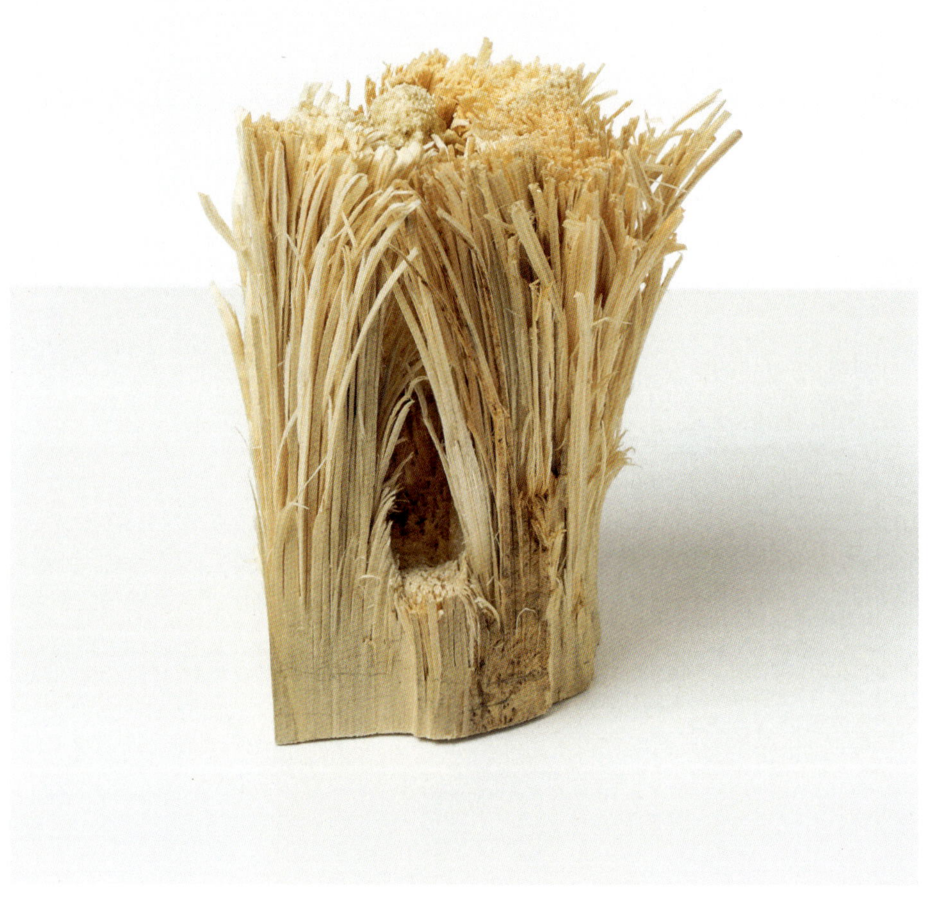

kleines Feldstück 1, 2019
Fichte, Grafitstift
6,5 × 12 × 7 cm

kleines Feldstück 3, 2019
Fichte, Grafitstift
13,2 × 11 × 9,5 cm

kleines Feldstück 2, 2019
Fichte, Grafitstift
5,5 × 10 × 13 cm

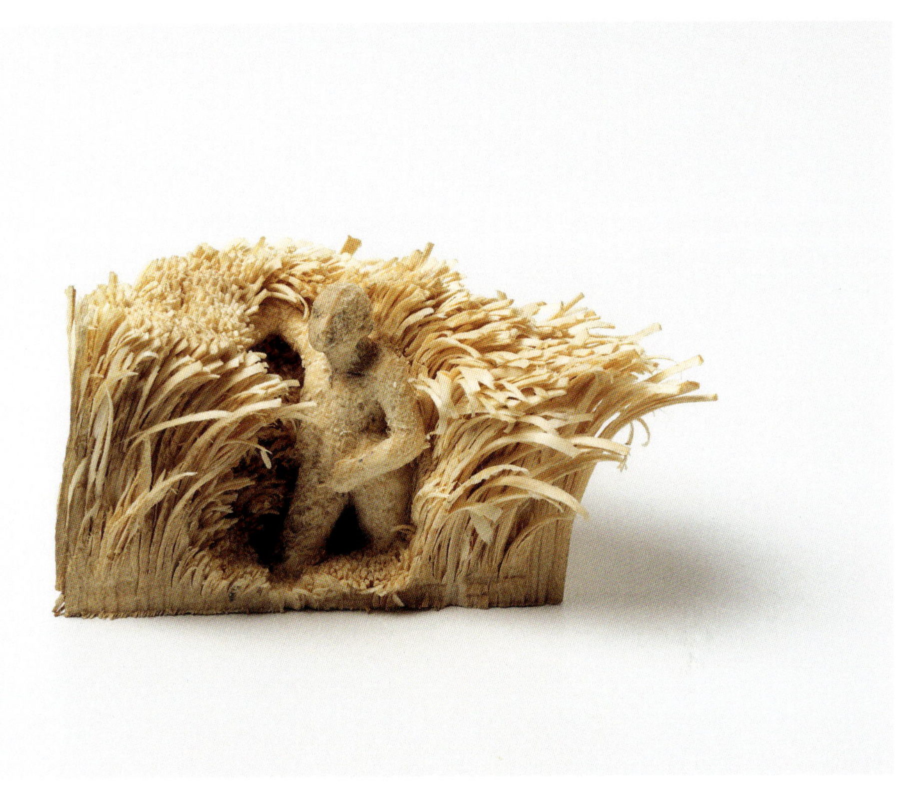

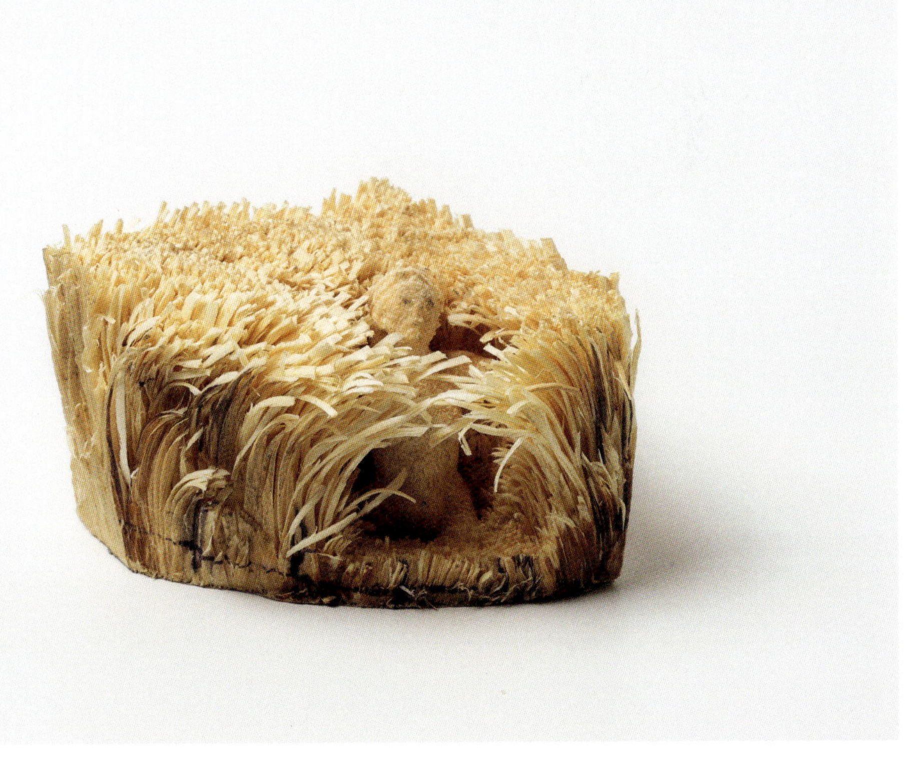

Auflösung 03/20, 2020
Weide, Grafit- und Copystift
25 × 33 × 25 cm

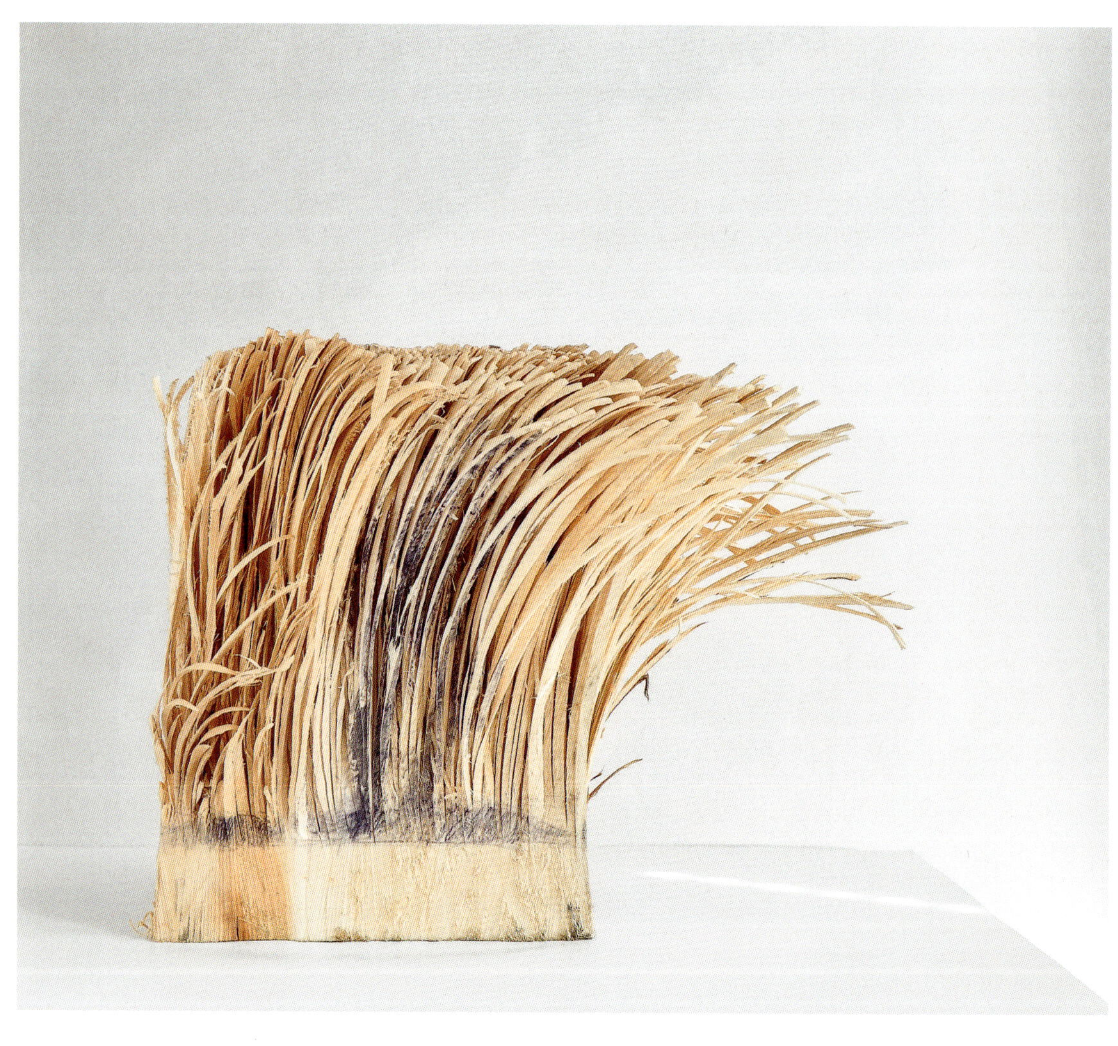

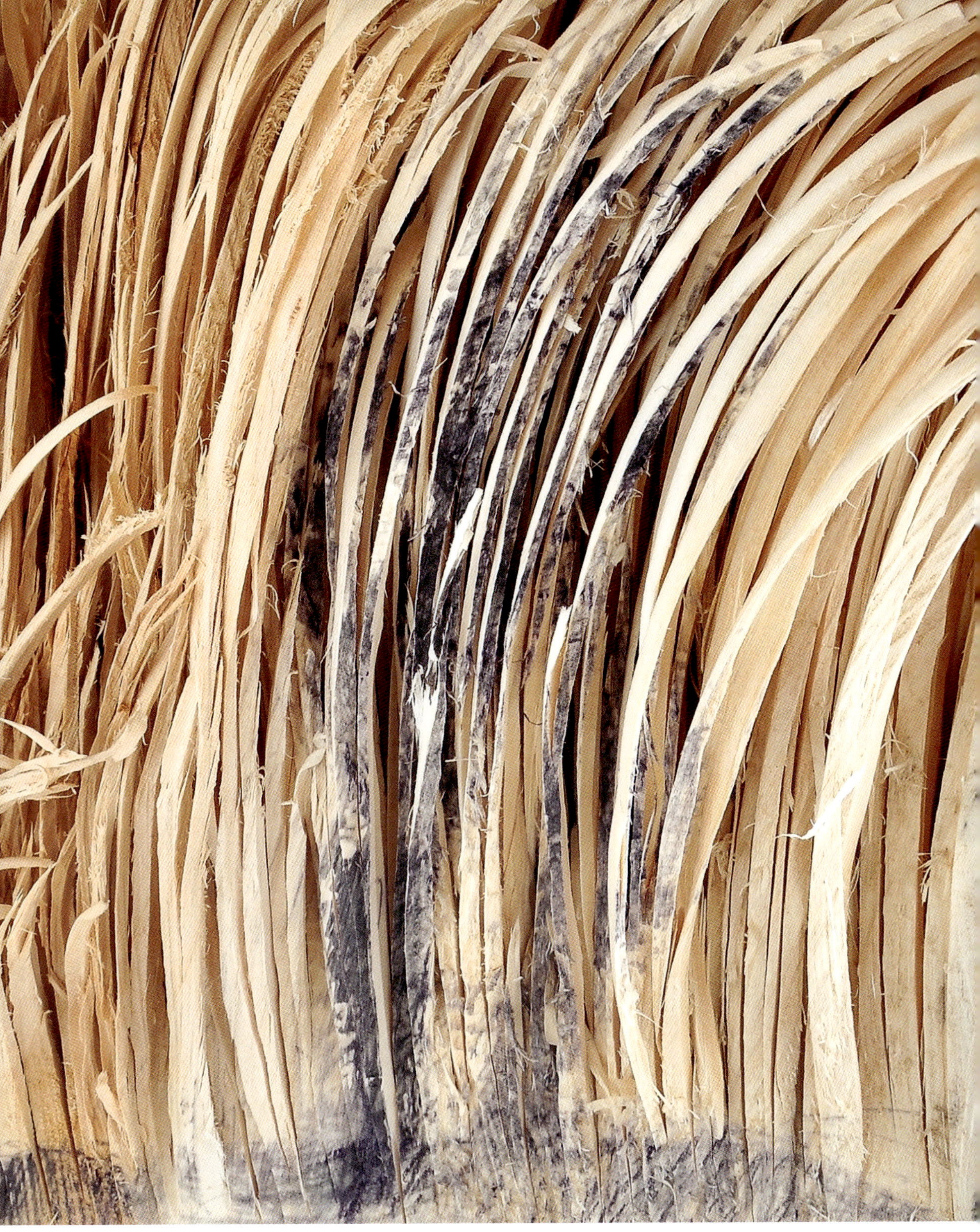

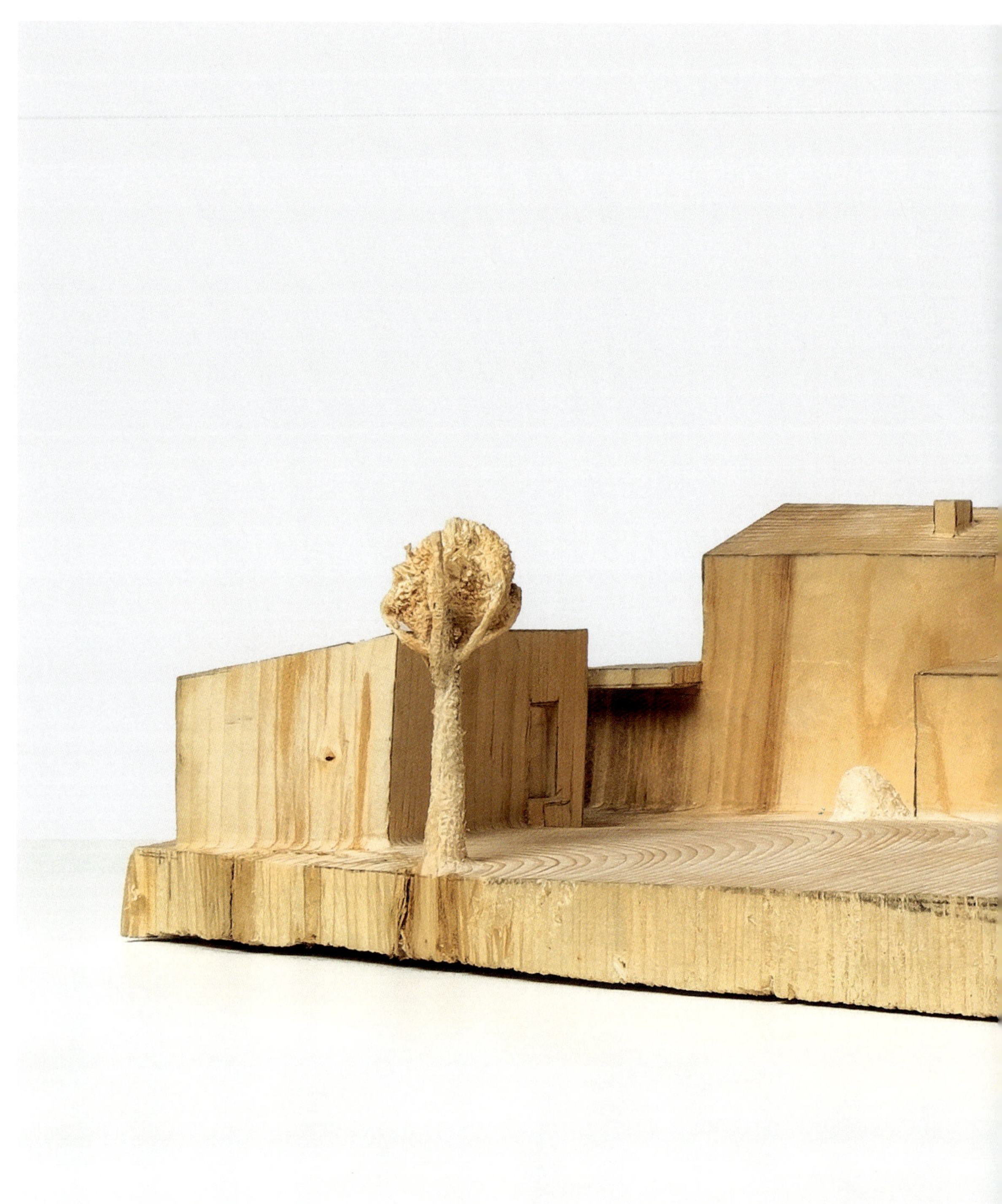

das Grundstück, 2020
Fichte, Grafitstift
10,5 × 50 × 35 cm

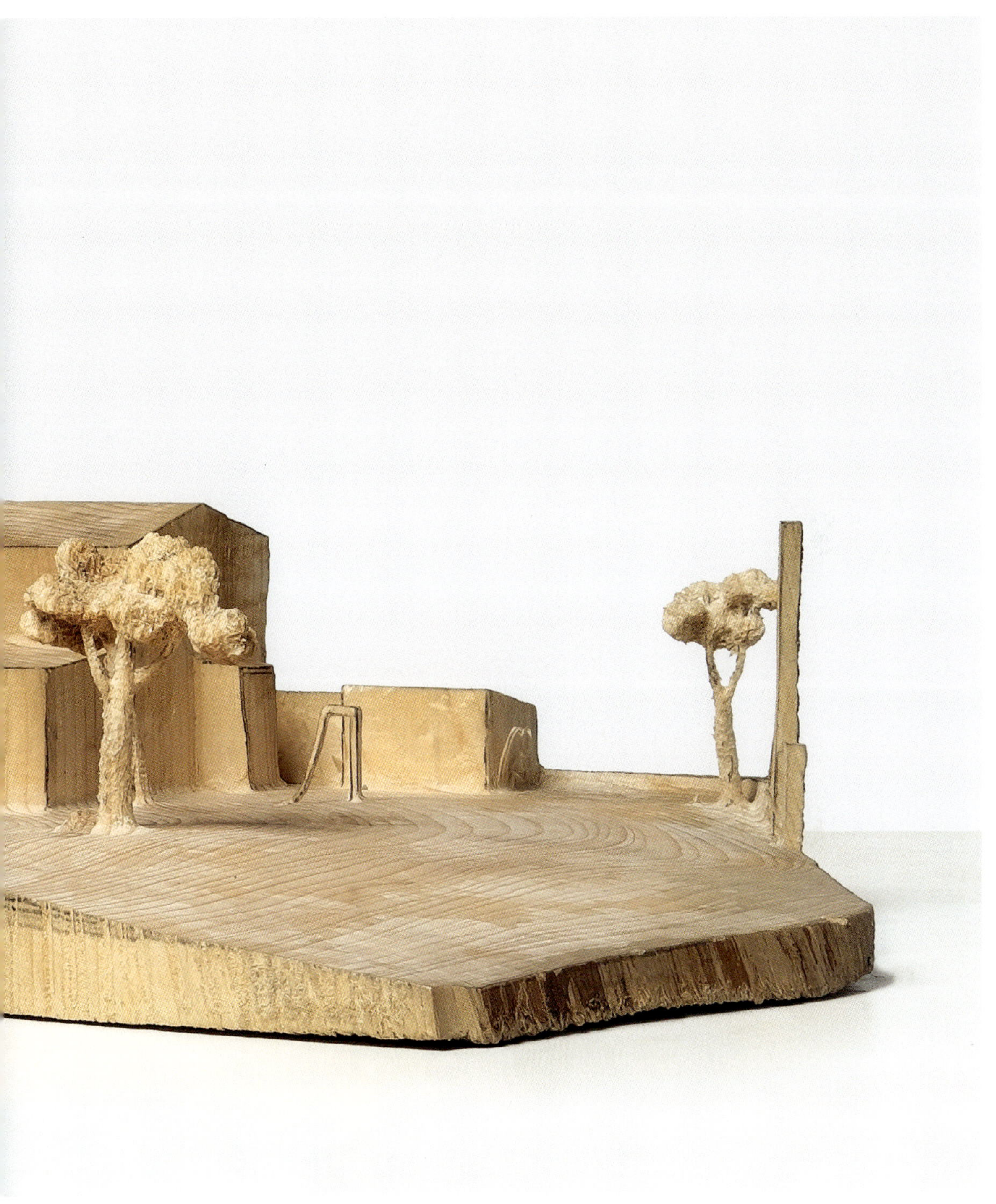

die Kapelle, 2020
Fichte, Grafitstift
17,5 × 34 × 37 cm

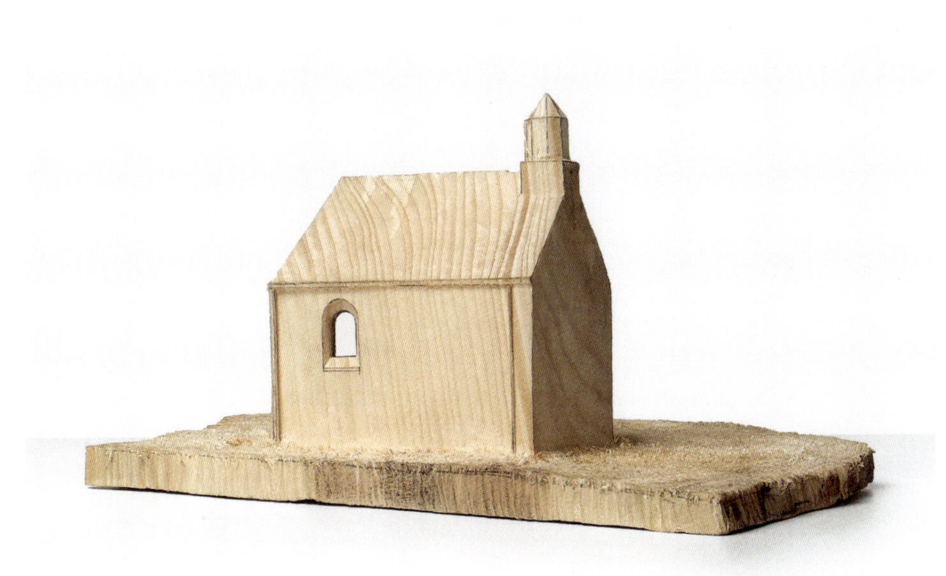

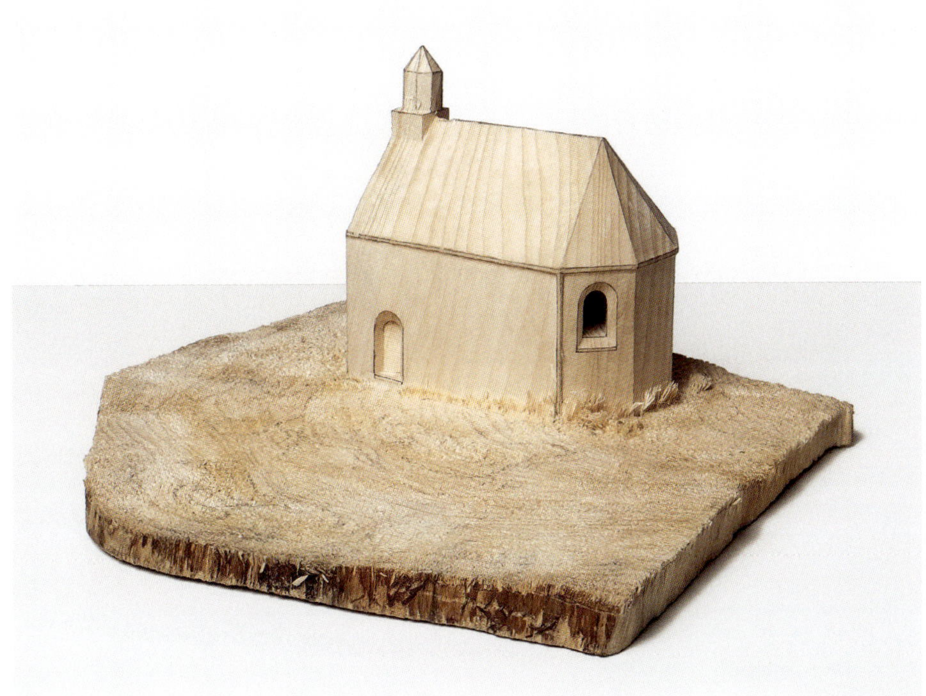

Holzbau, 2021
Pappel, Grafitstift
20 × 59 × 45 cm

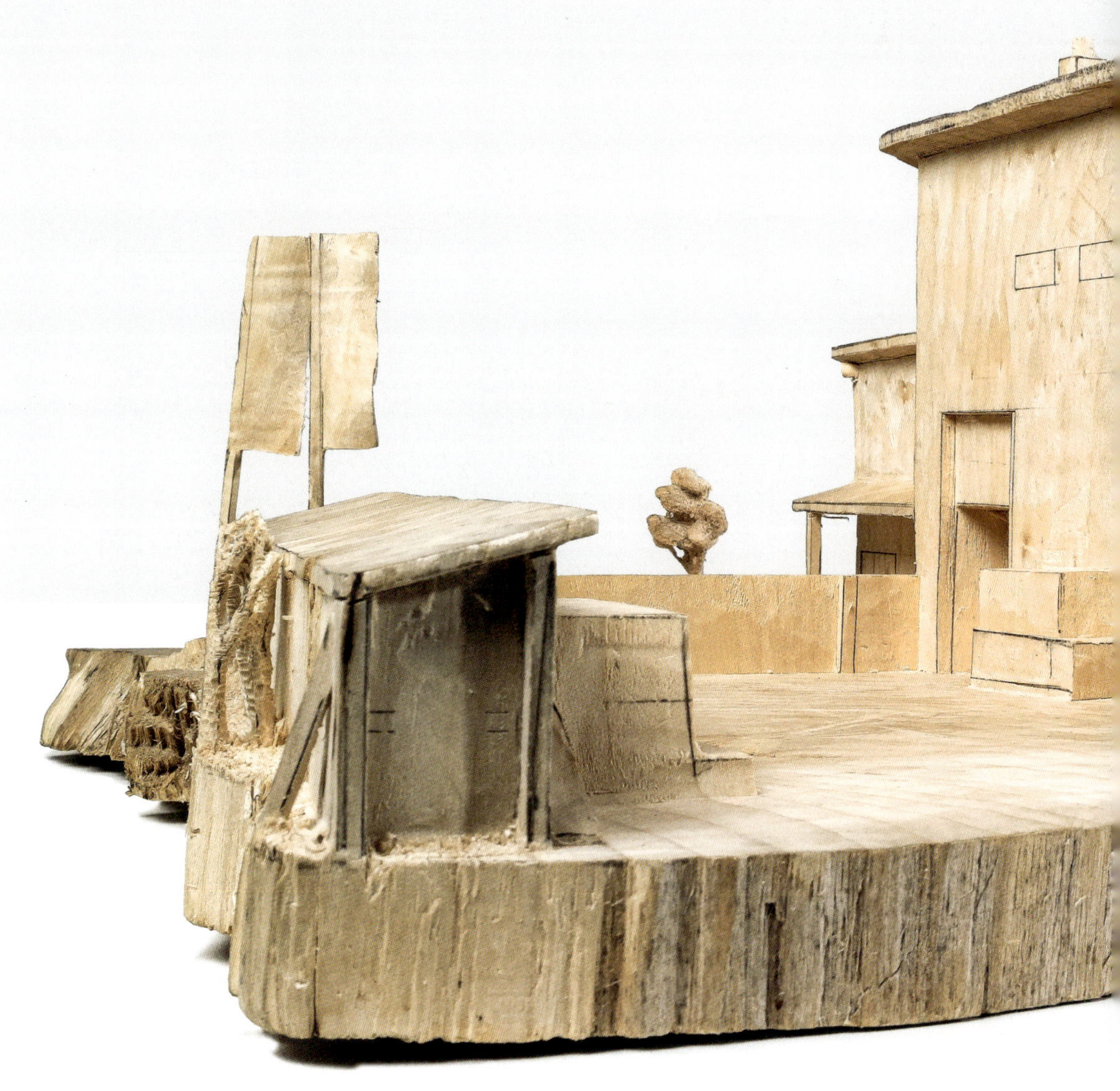

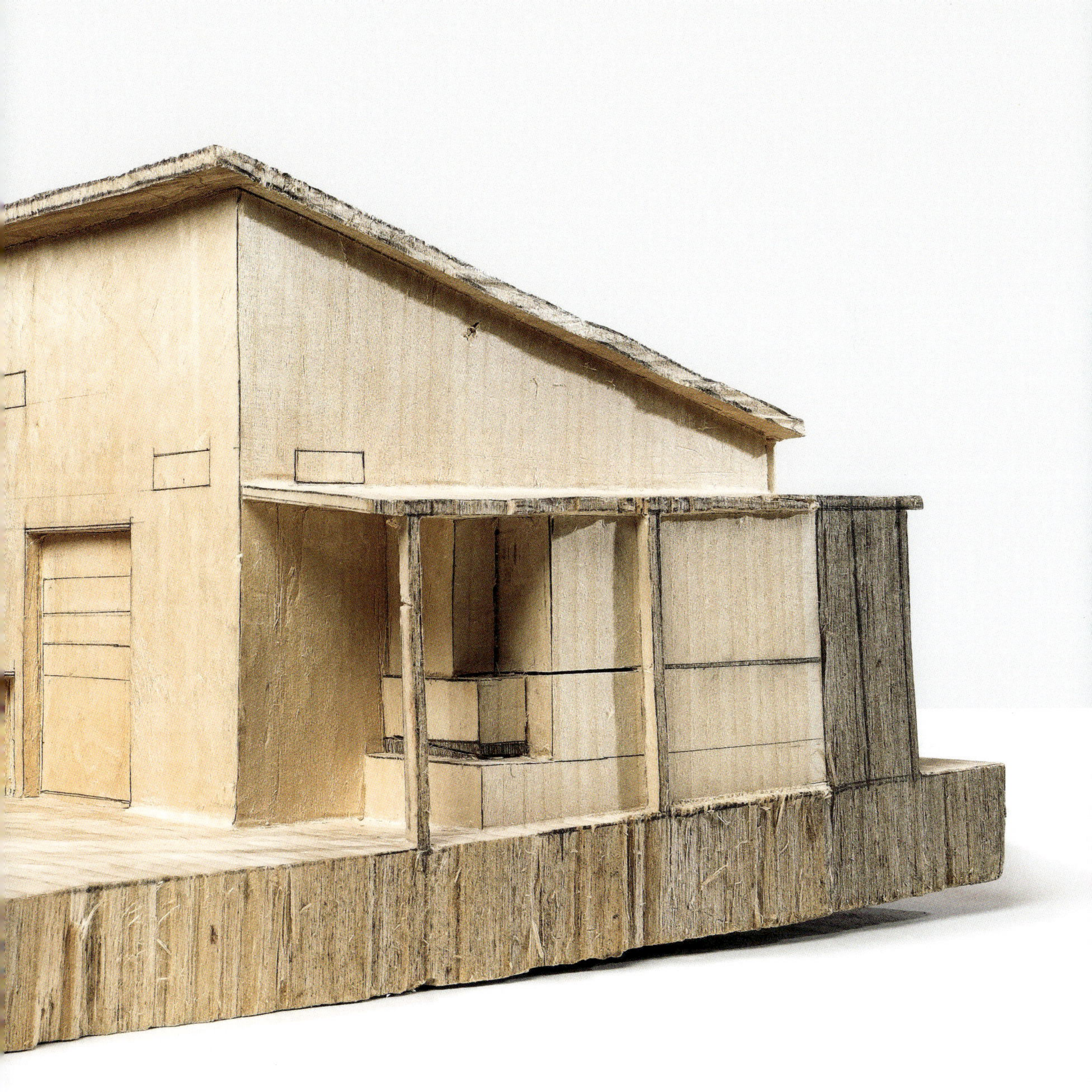

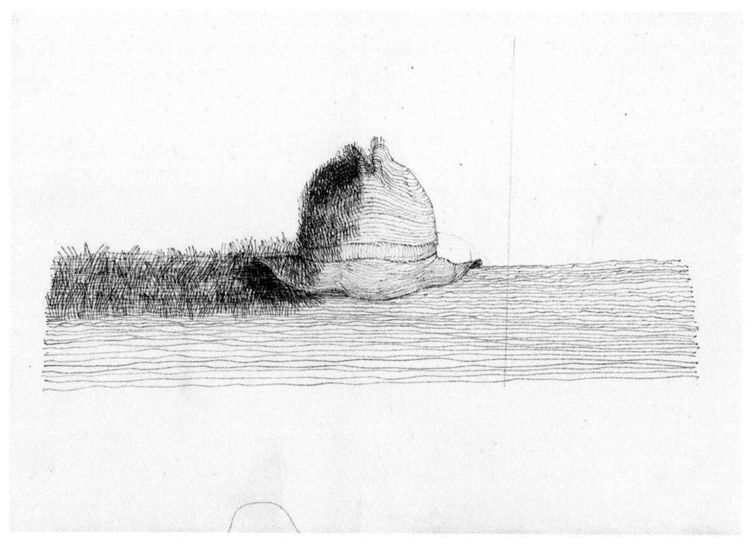

Vaters Hut, 2019
Grafitstift, Papier
21 × 29,7 cm

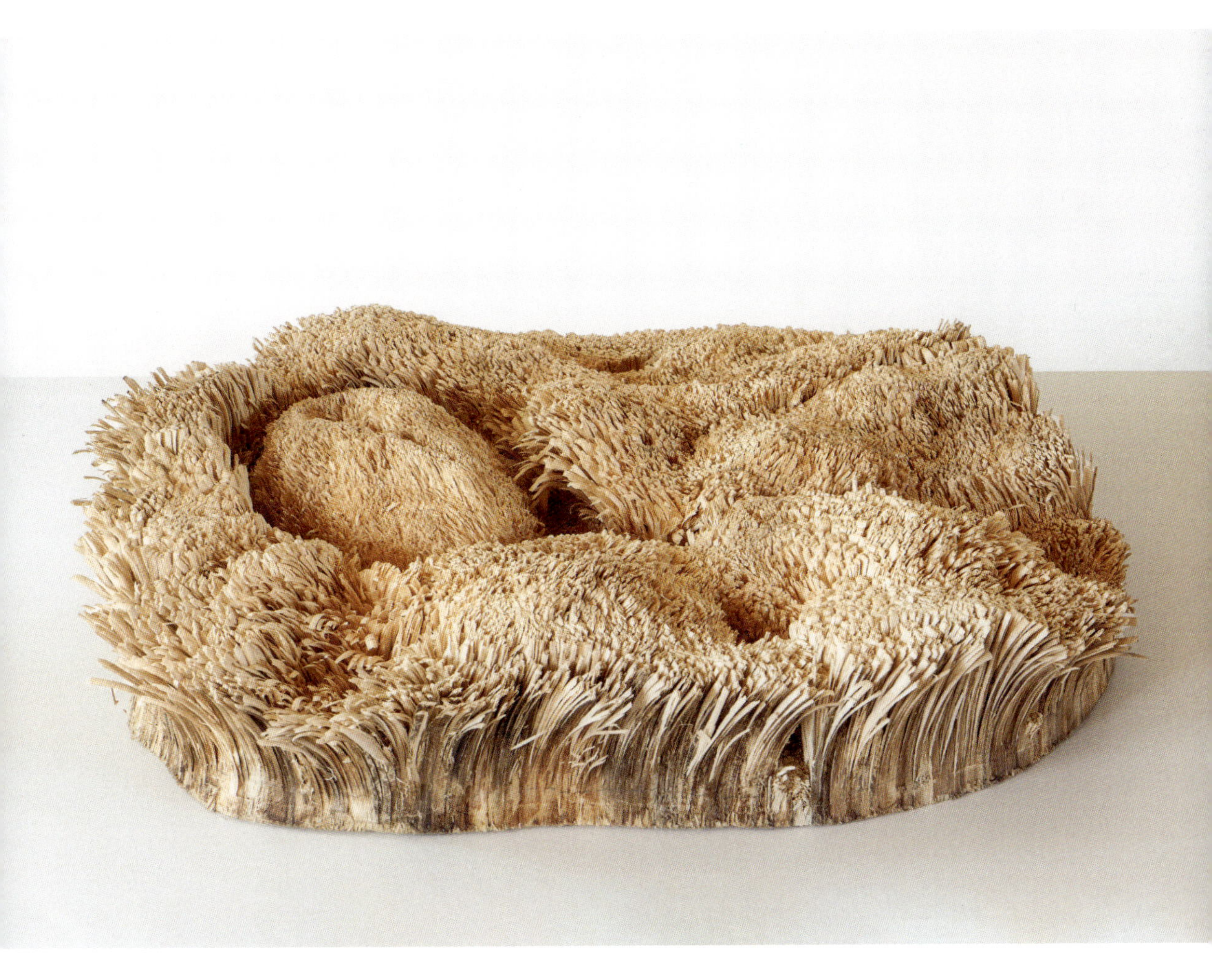

der Hut im Gras, 2020
Fichte, Grafitstift
17 × 75 × 75 cm

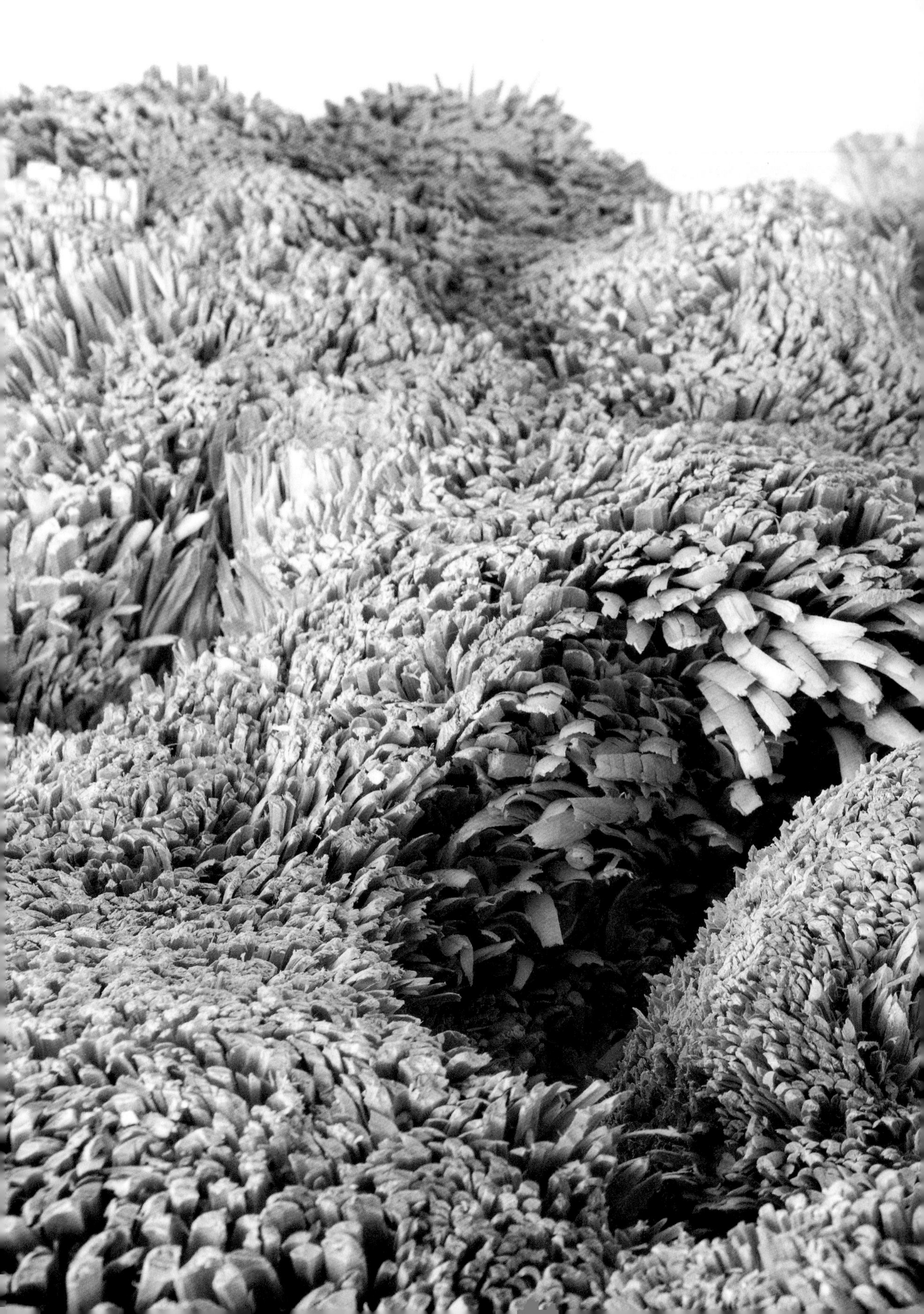

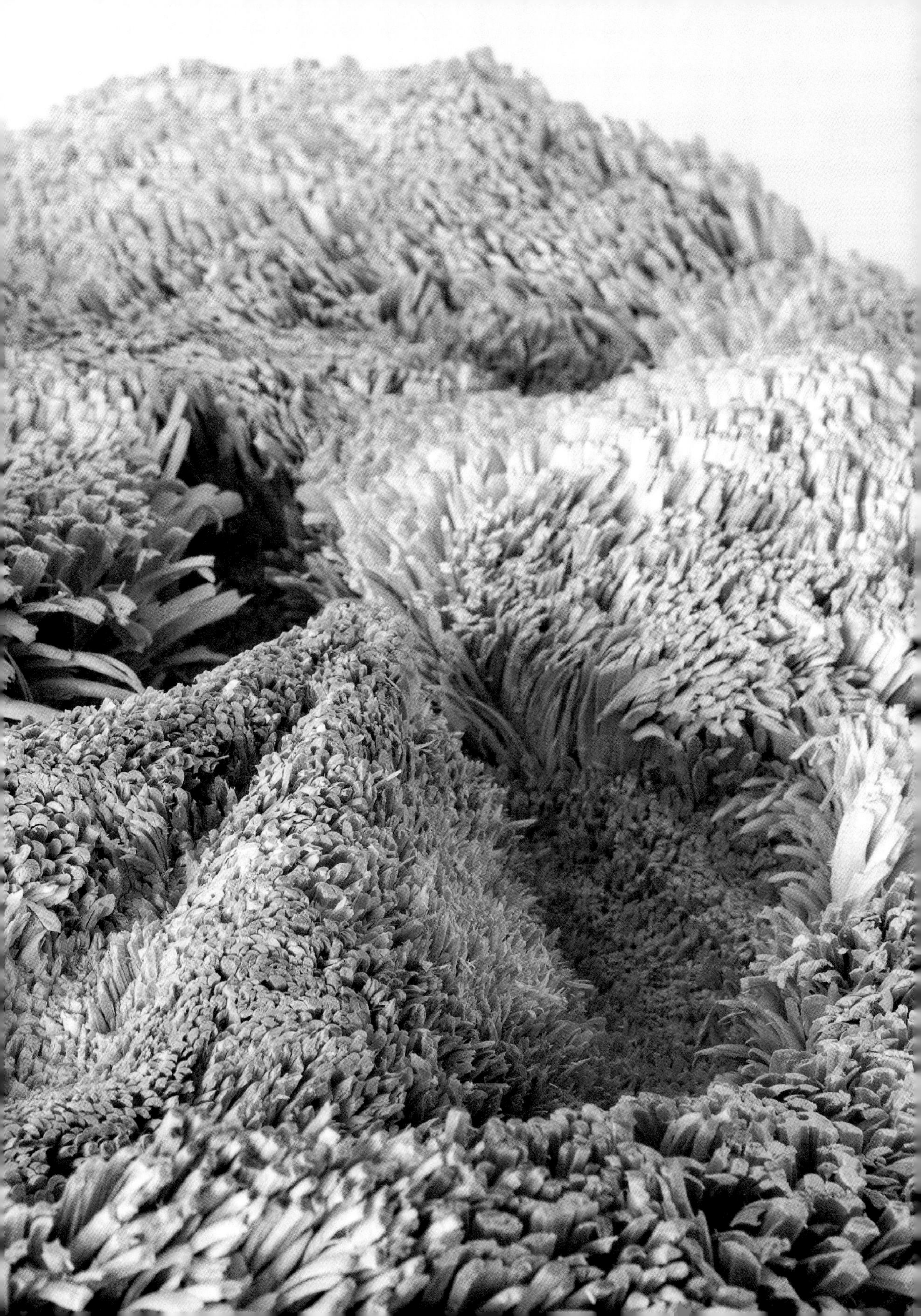

Container, 2021
Pappel, Grafitstift
29,5 × 55,5 × 45,5 cm

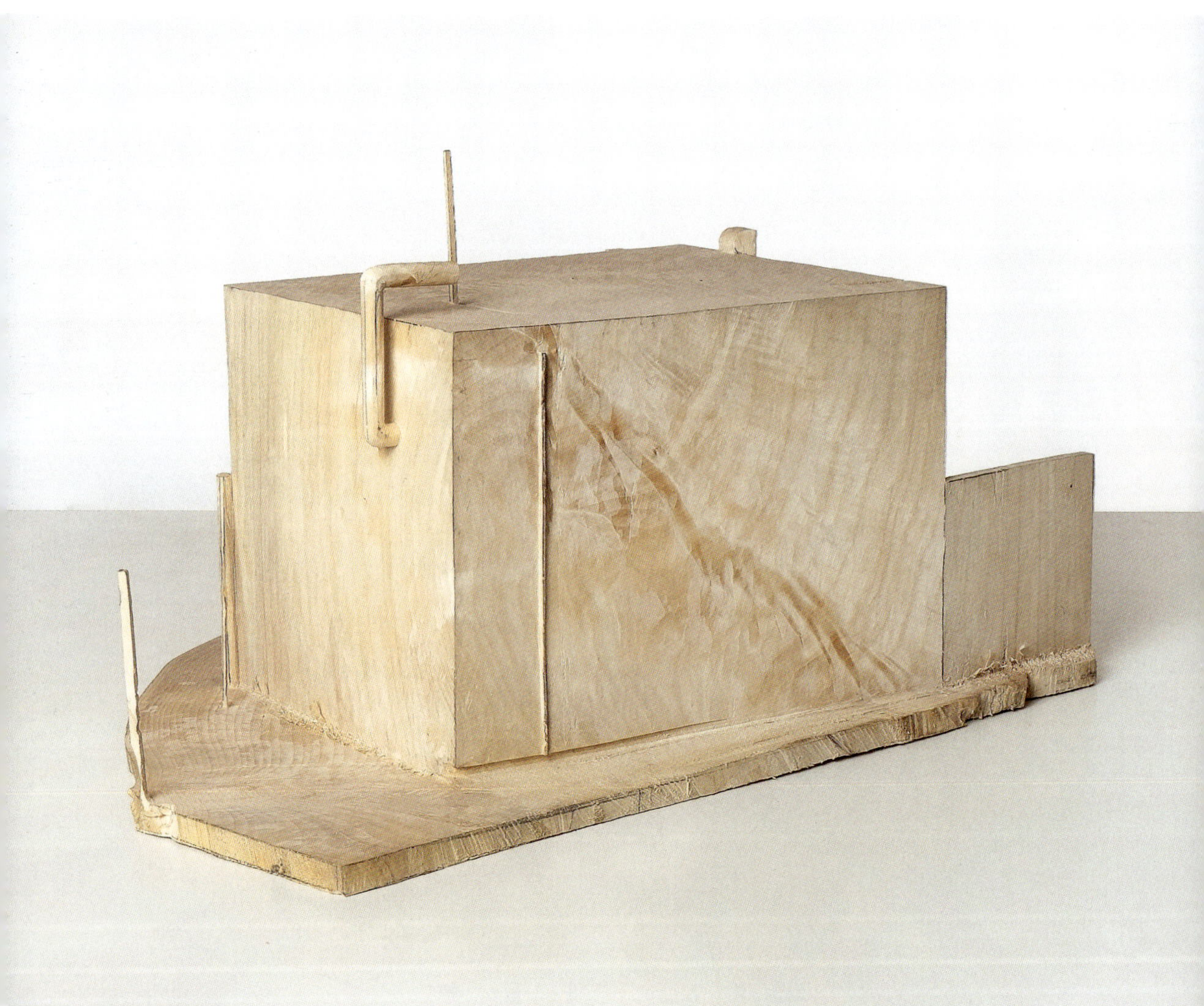

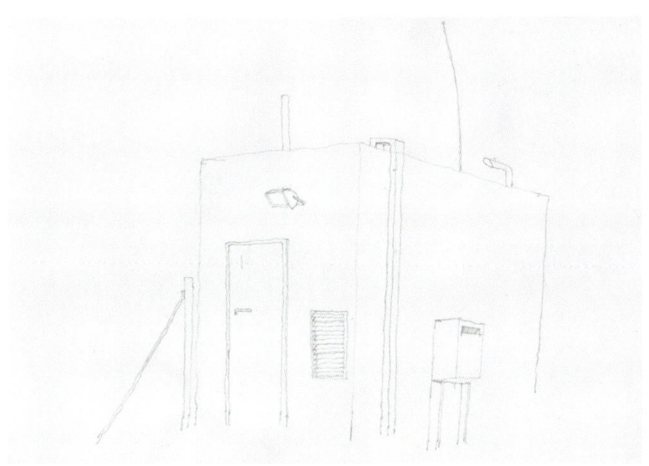

Container, 2021
Grafitstift, Papier
20 × 29 cm

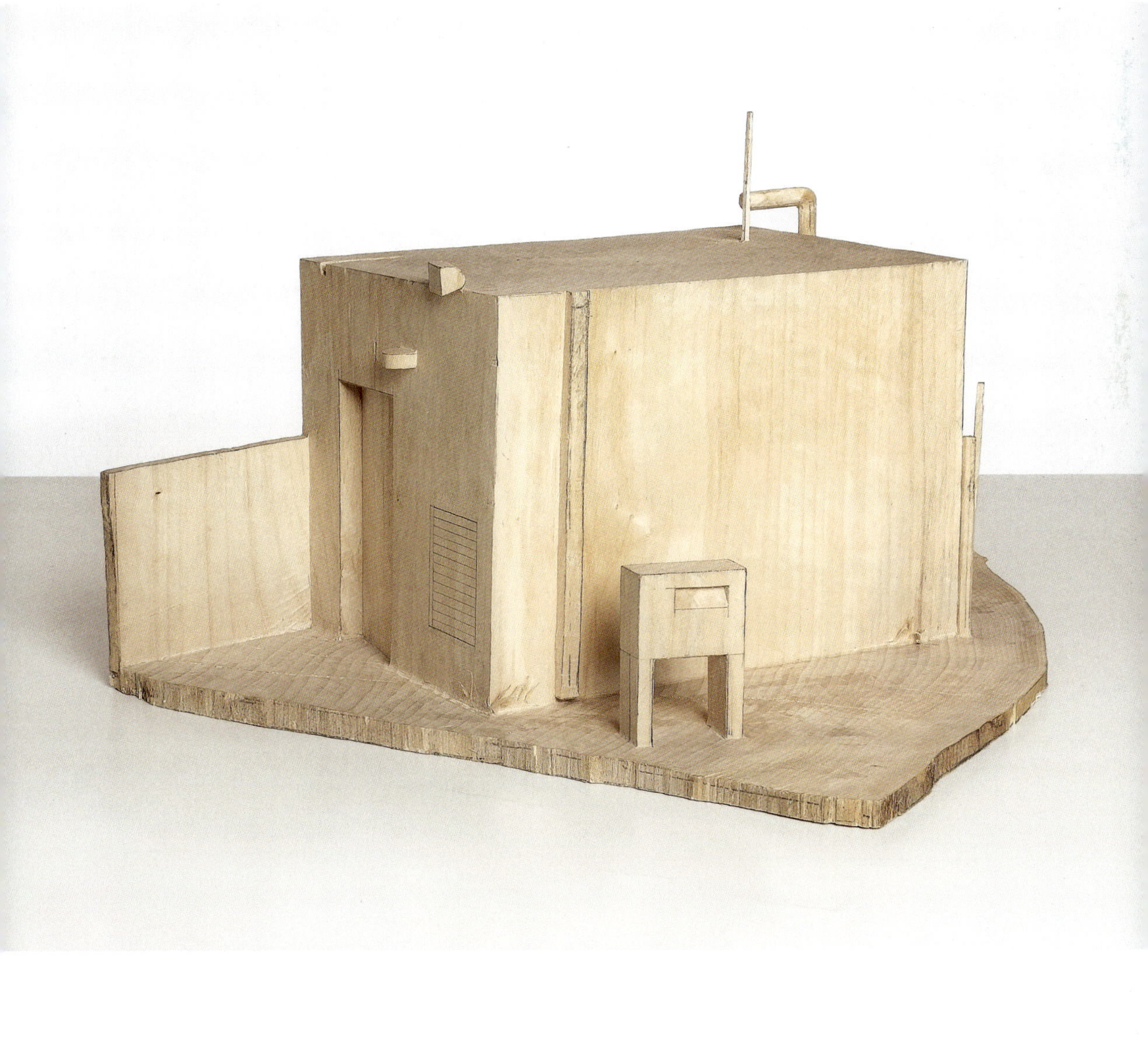

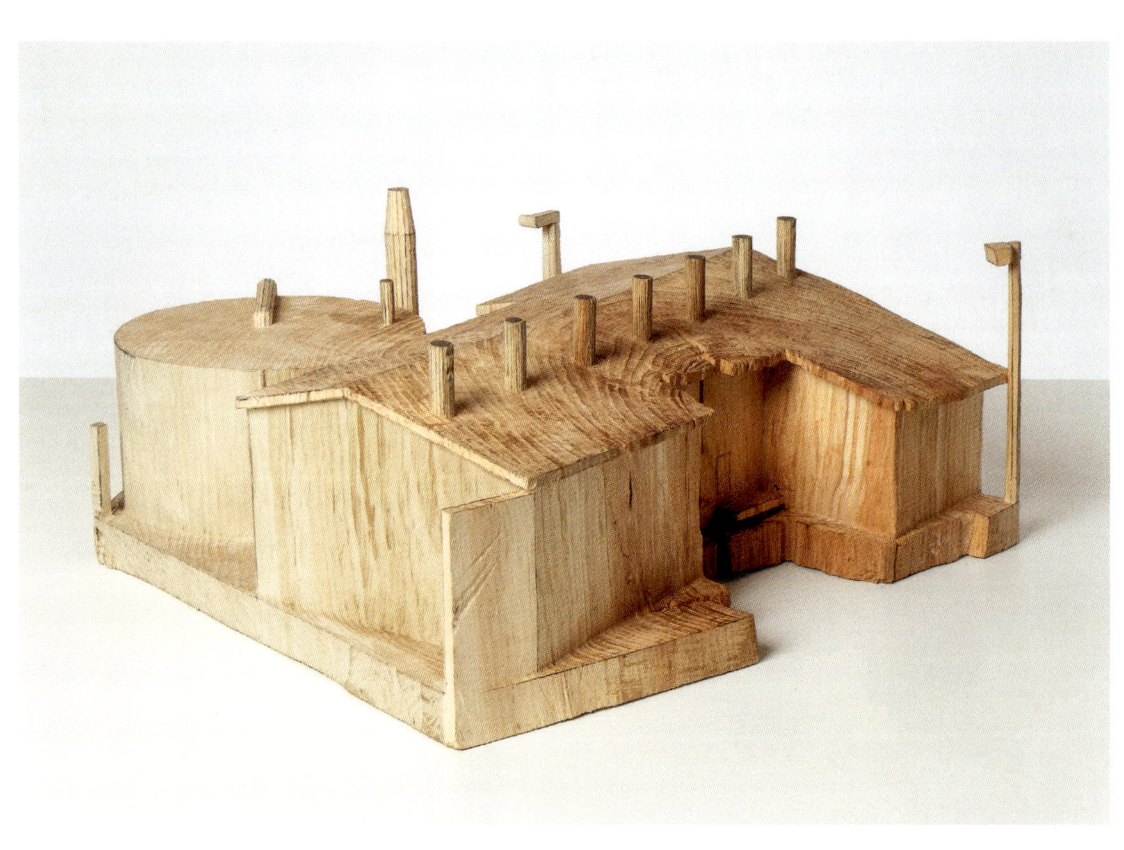

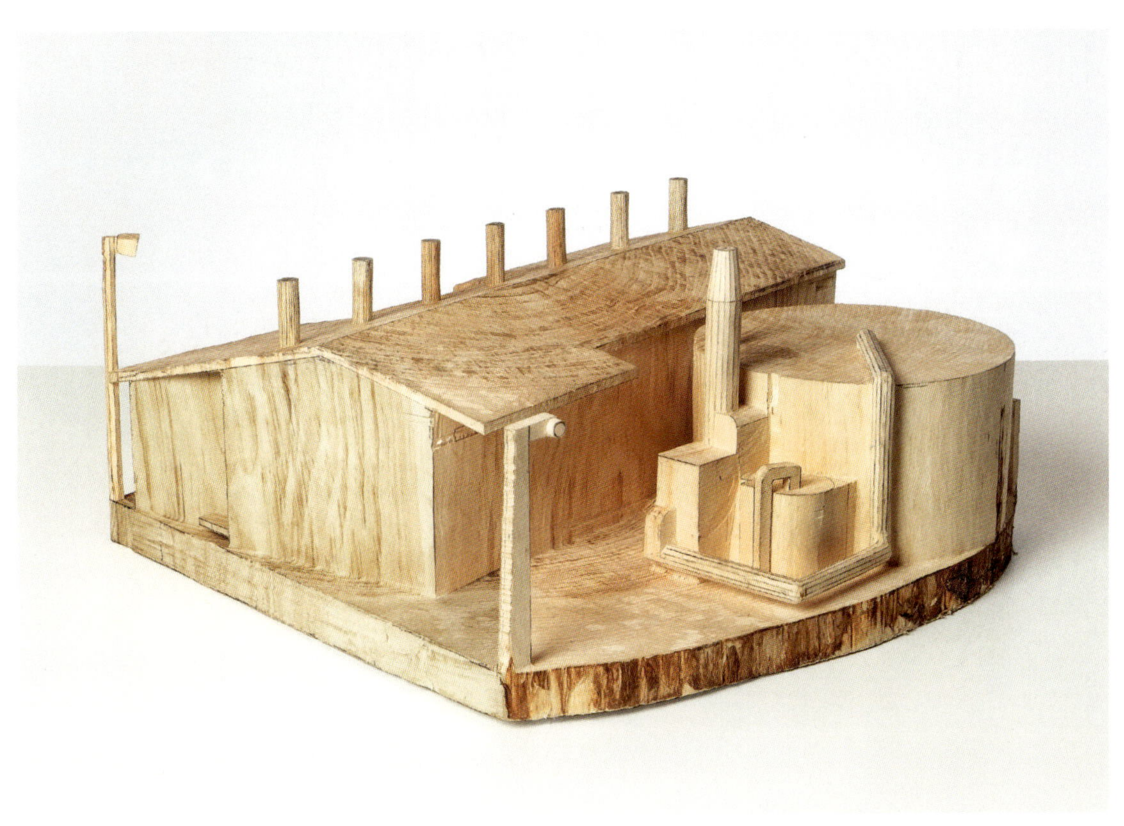

Biogas, 2022
Balkankiefer, Grafitstift
23,5 × 50,5 × 50 cm

Sender, 2022
Linde, Grafitstift
31,5 × 18,5 × 12,3 cm

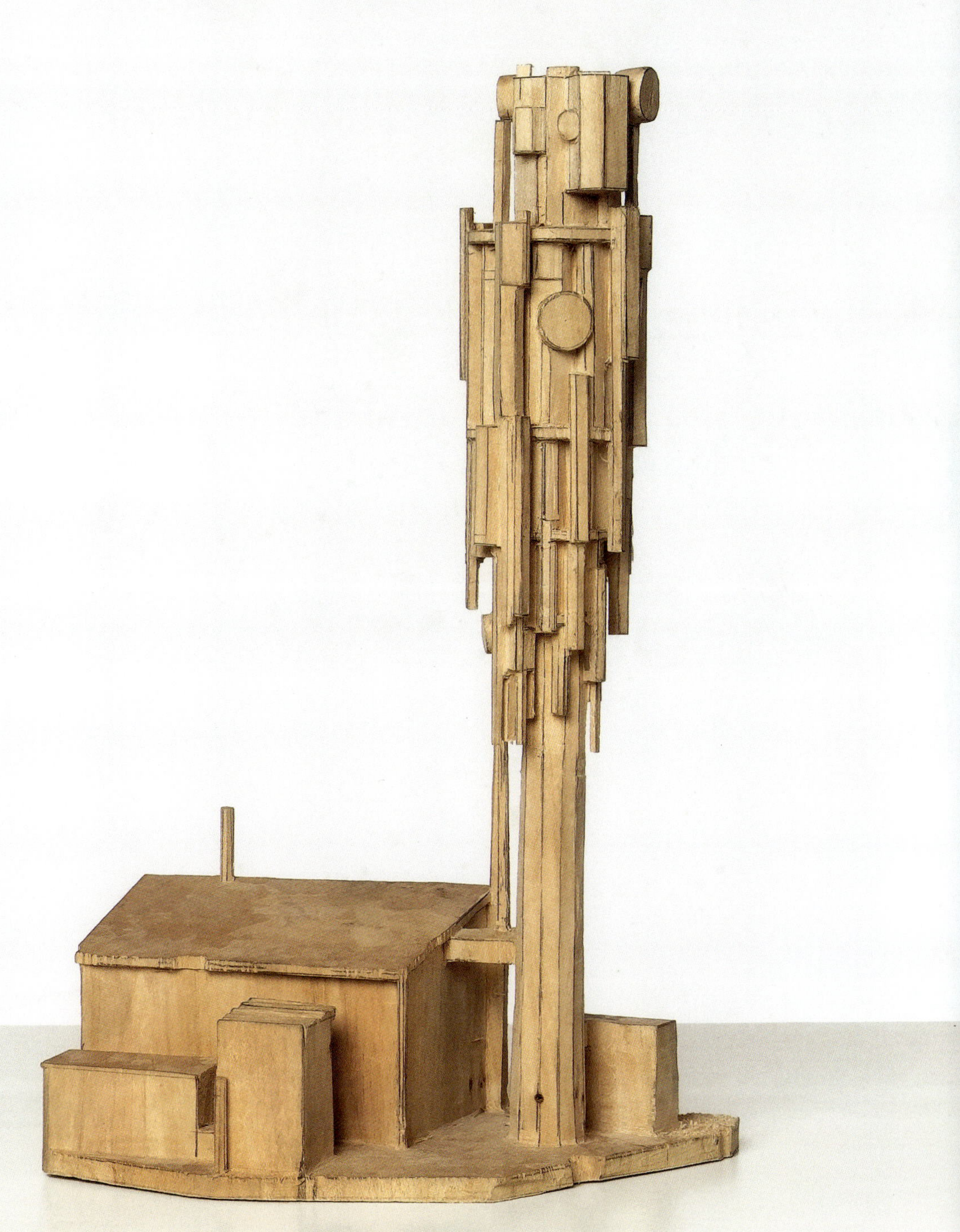

Stammhof, 2022
Lärche, ausgehöhlt, Grafitstift
65,5 × 66 × 60 cm

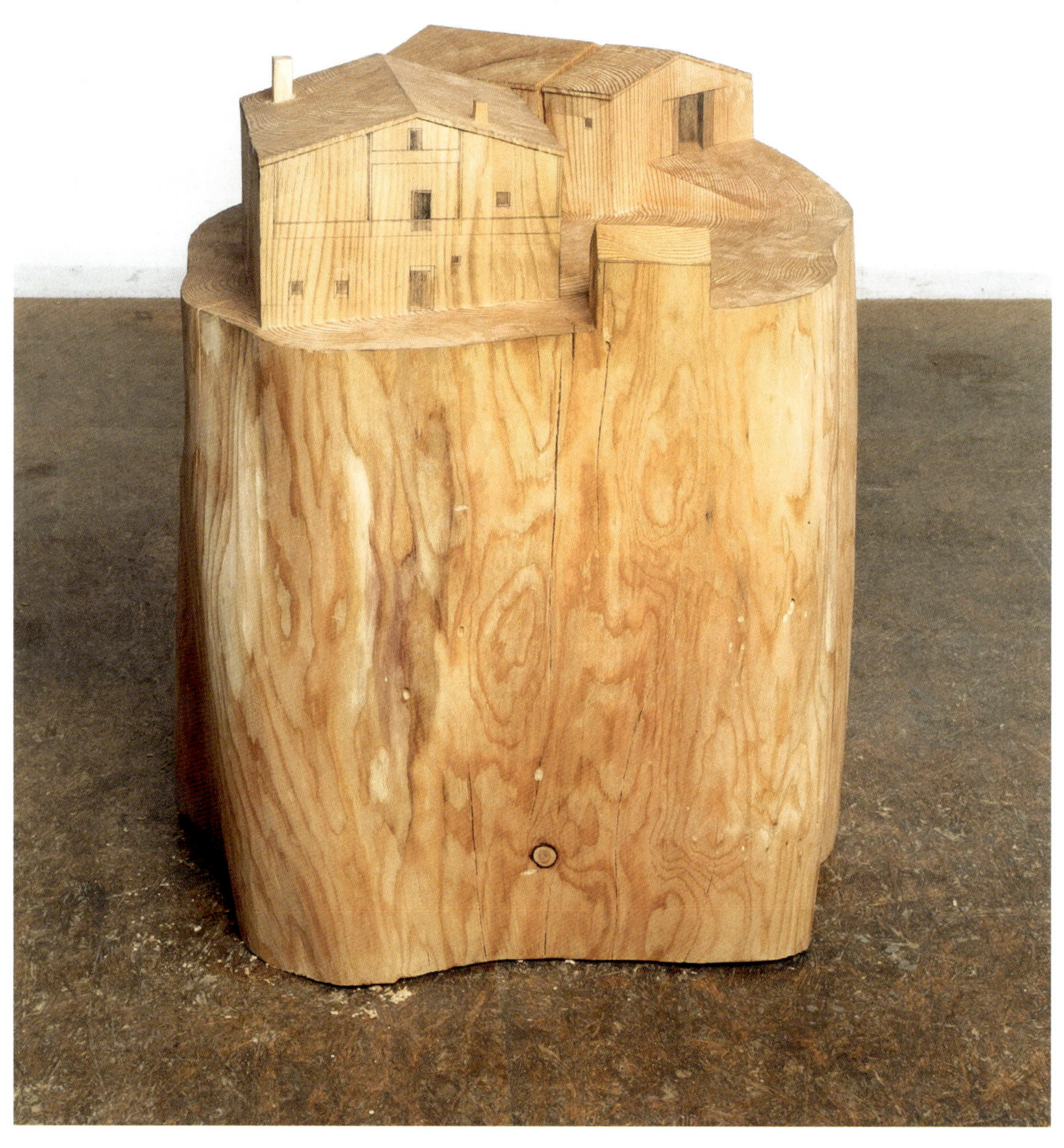

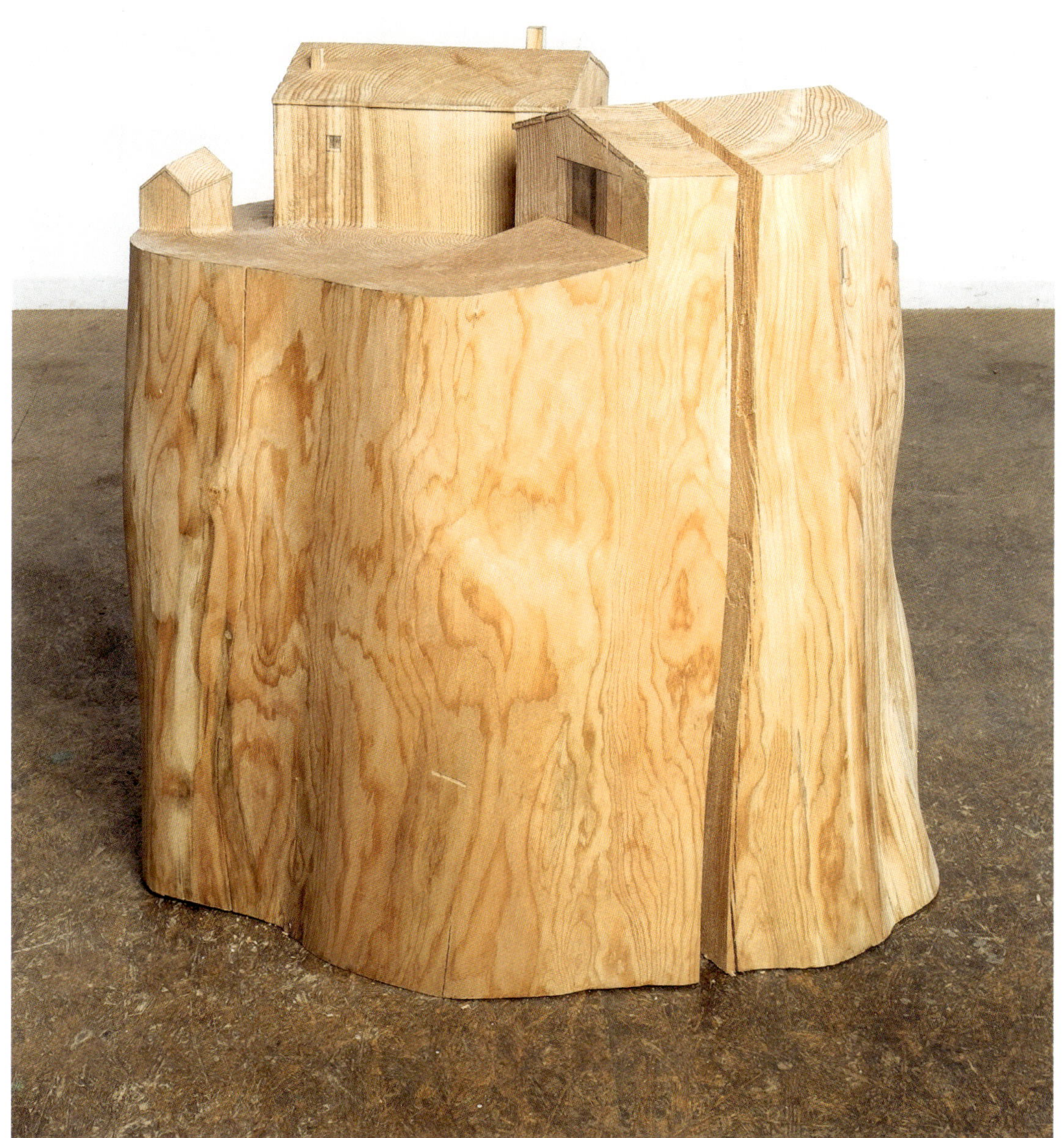

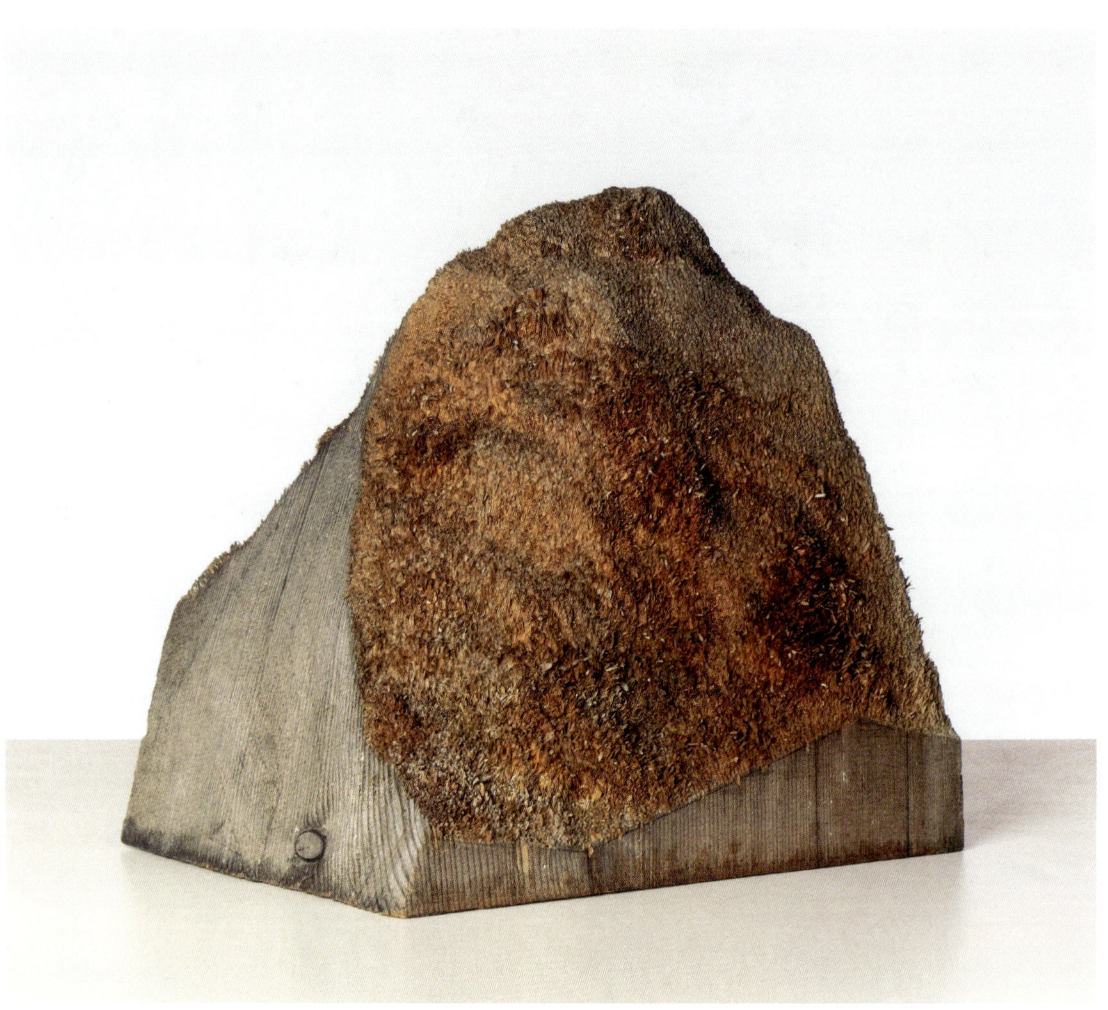

der Berg, 2022
Lärche, Grafitstift
33 × 42 × 25 cm

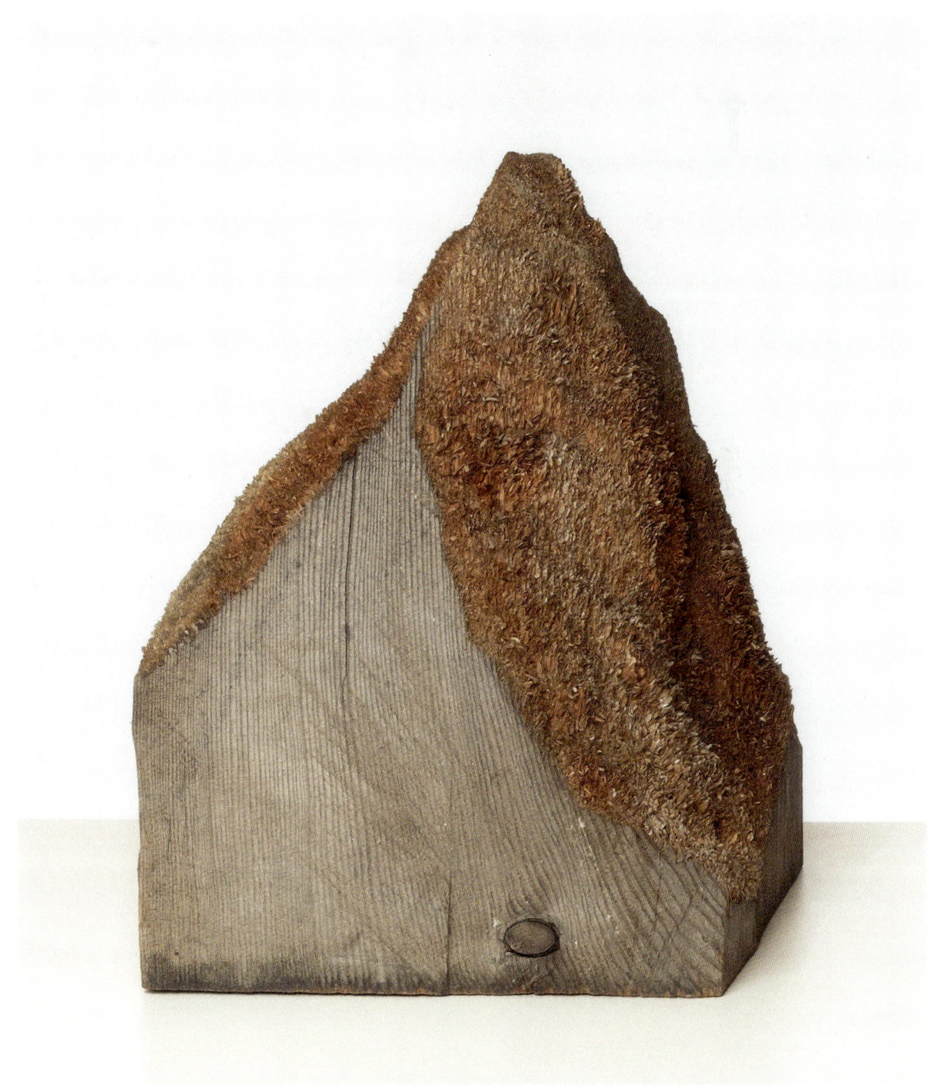

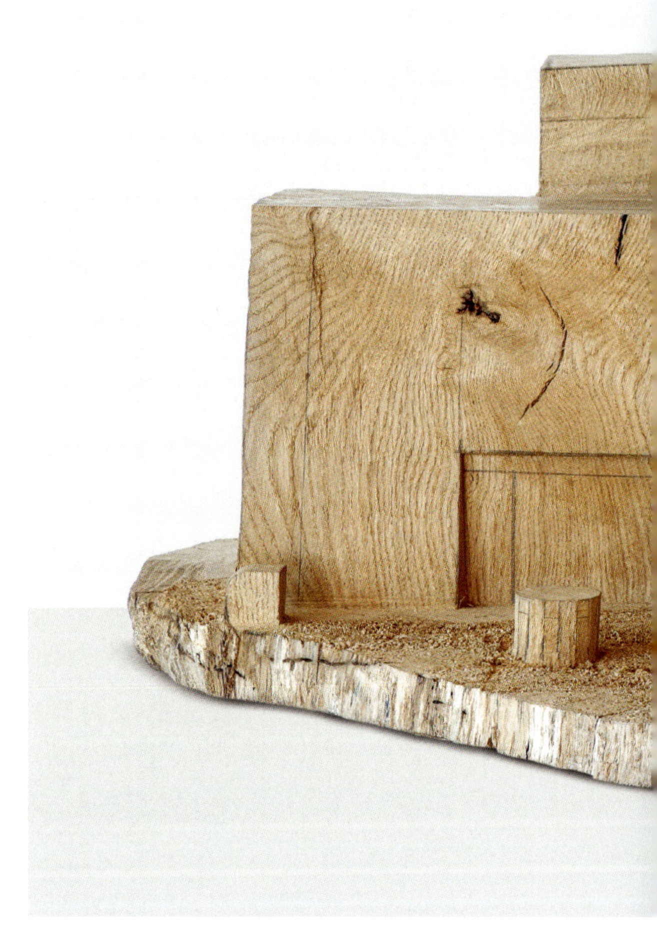

Kraftwerk, 2022/23
Eiche, Grafitstift
55 × 93 × 85 cm

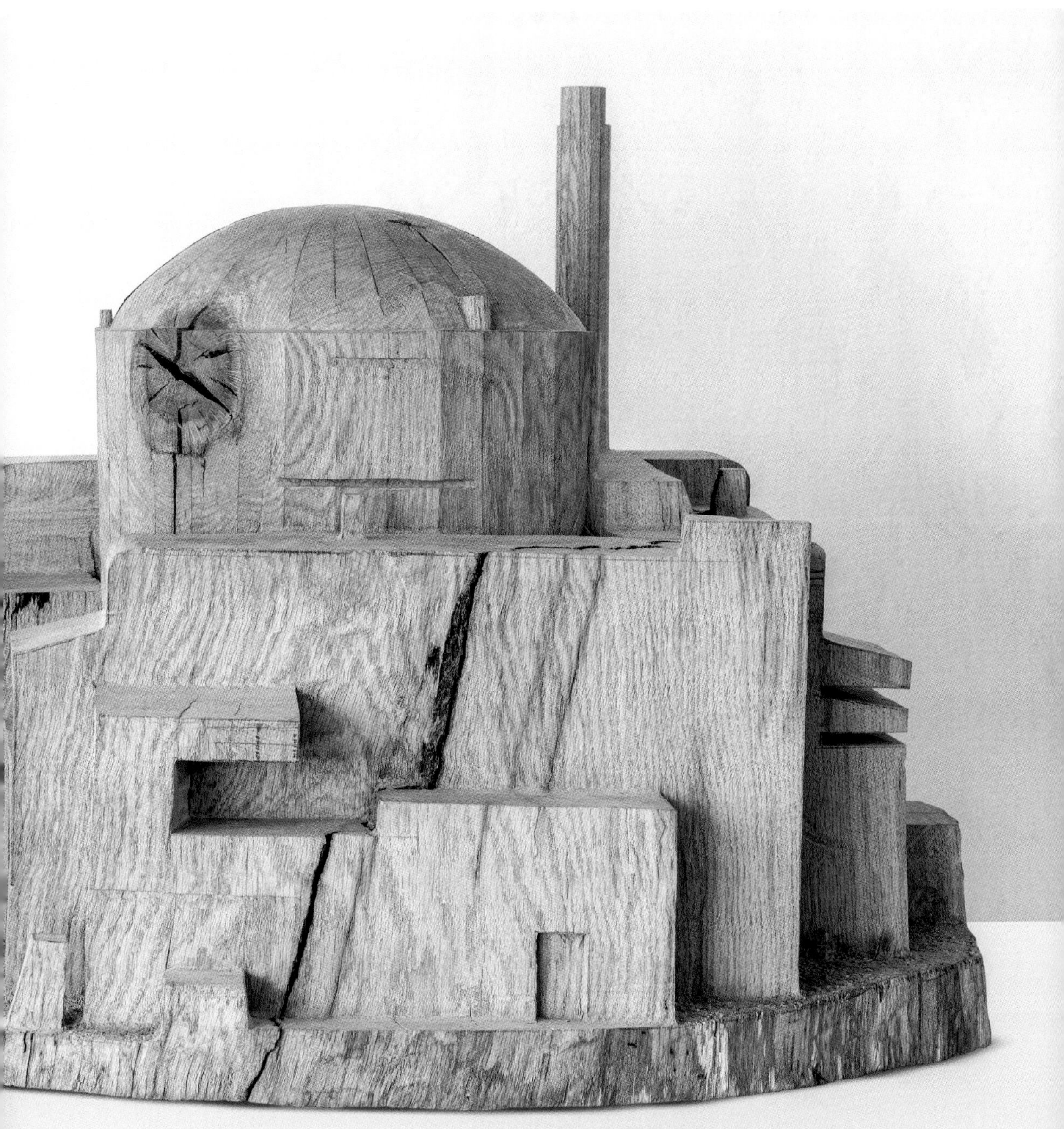

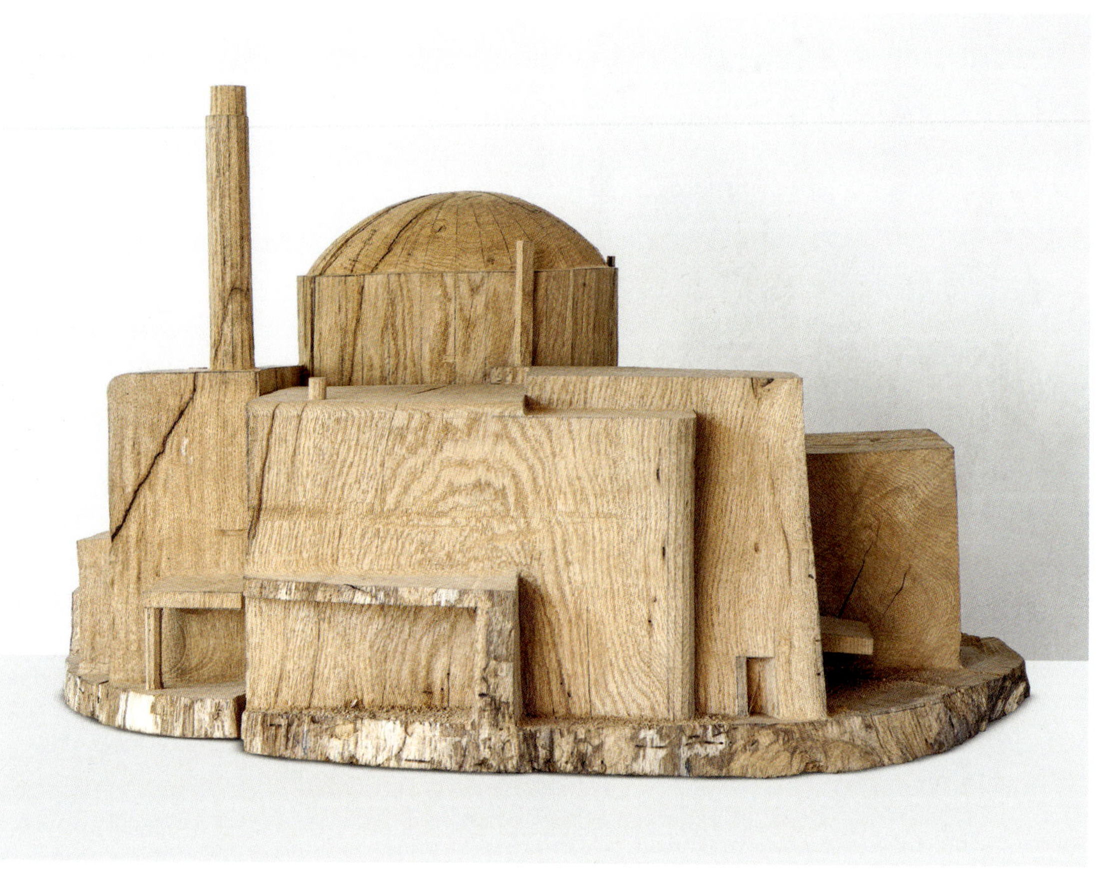

Kraftwerk 1, 2023
Grafitstift, Papier
24,1 × 32 cm

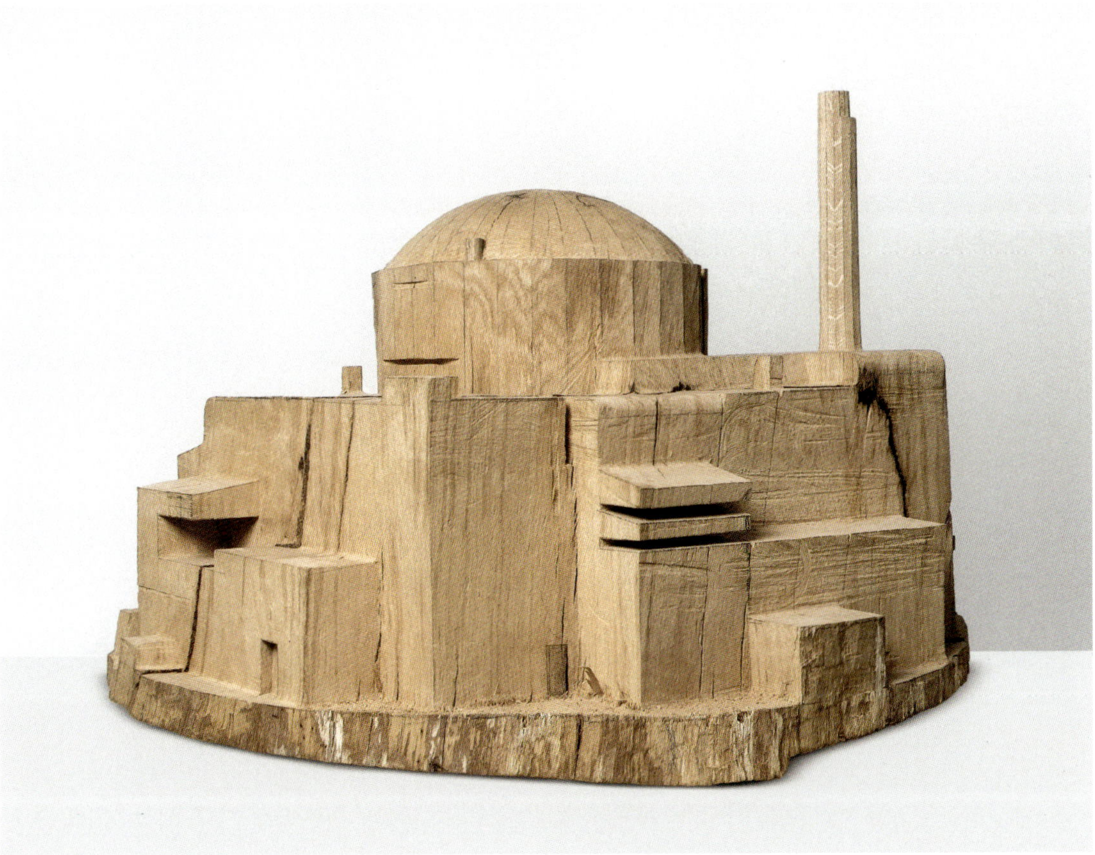

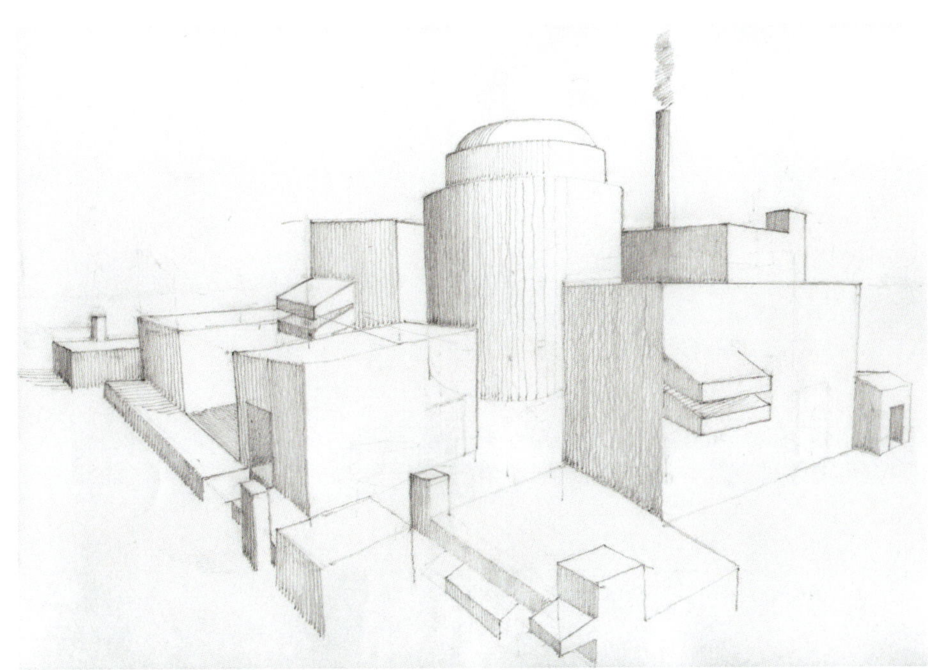

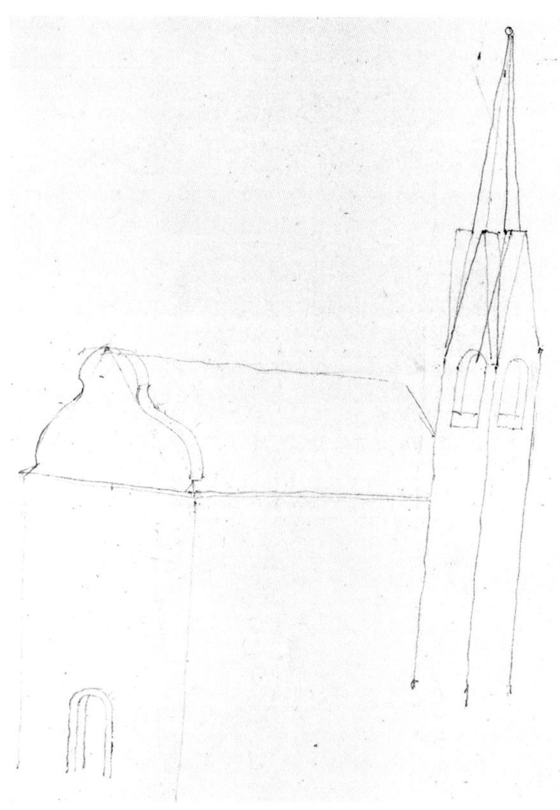

Kirche 2, 2023
Grafitstift, Papier
32 × 24,1 cm

Kirche, 2023
Schwarzpappel, ausgehöhlt, Grafitstift, Rollen
178 × 126 × 65 cm

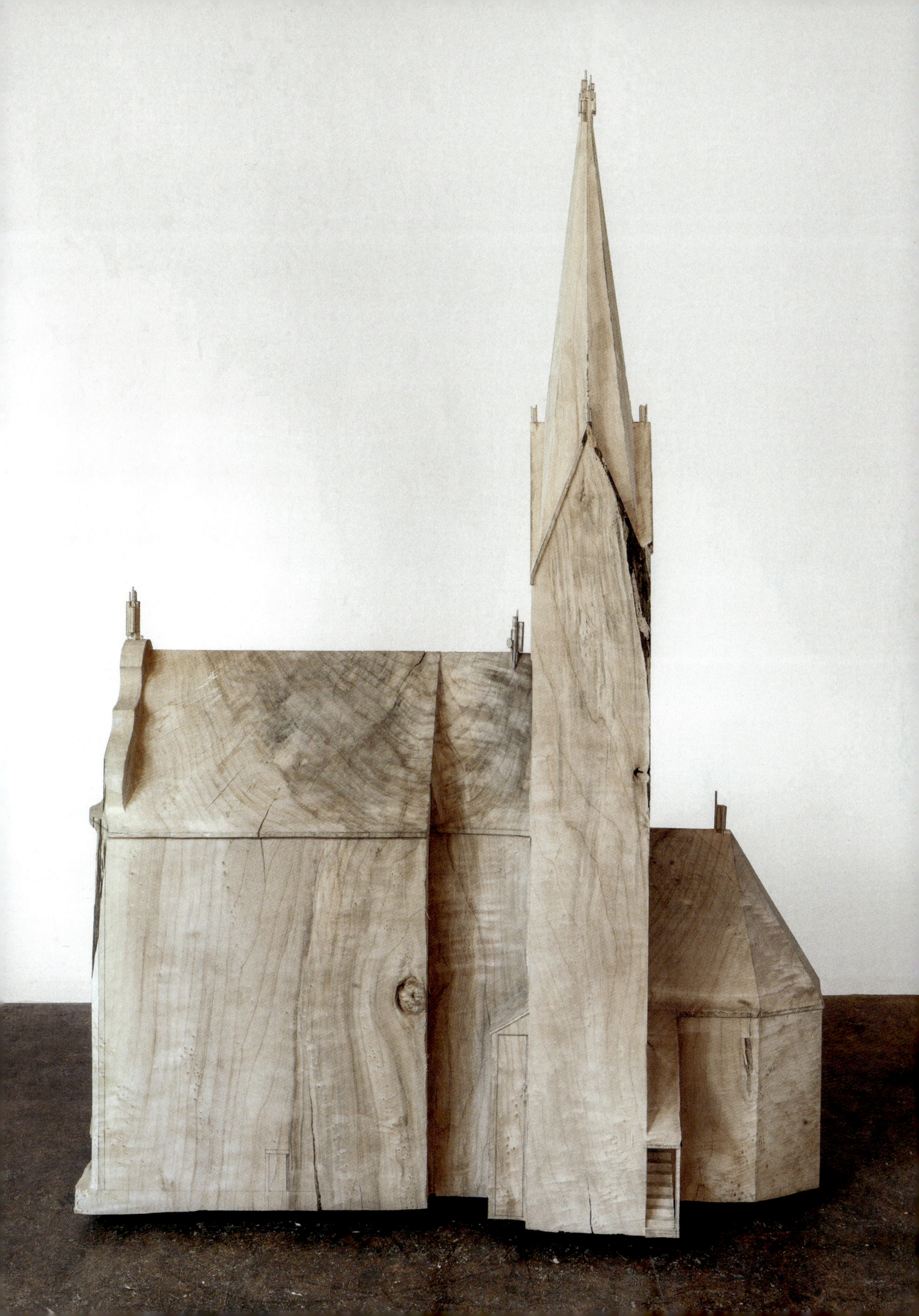

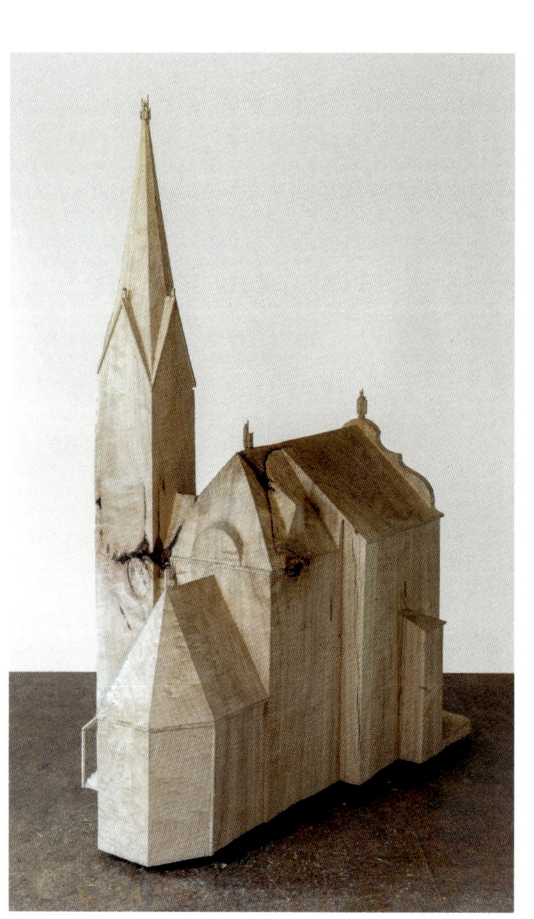 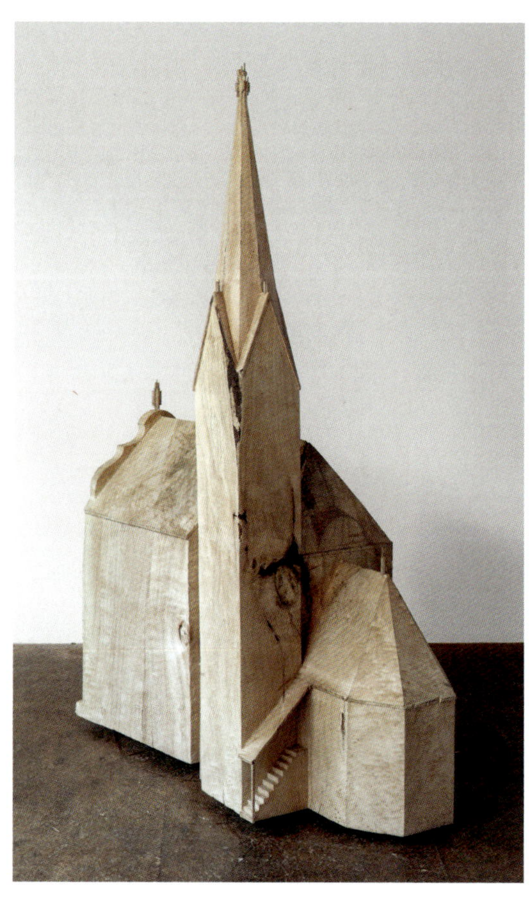

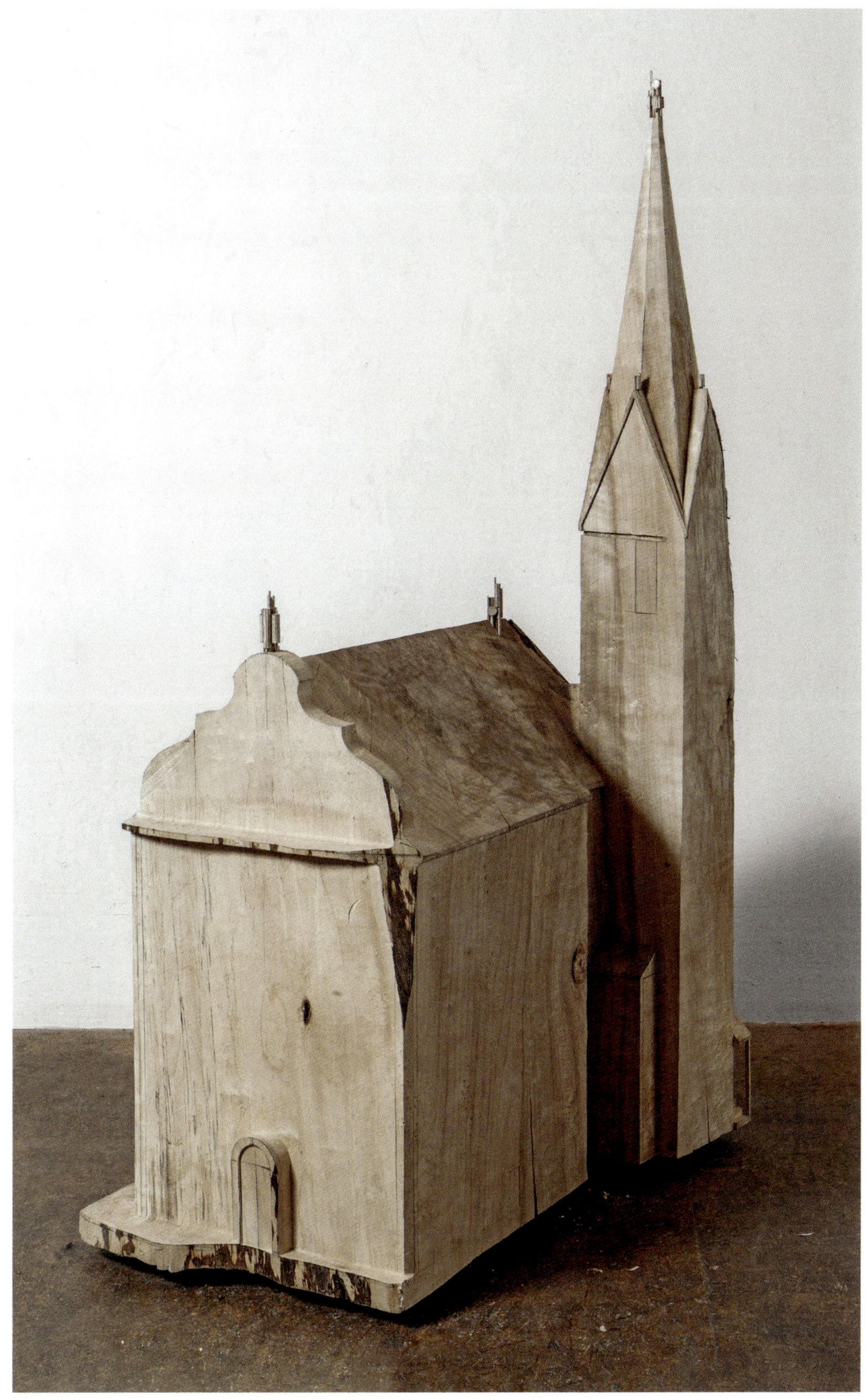

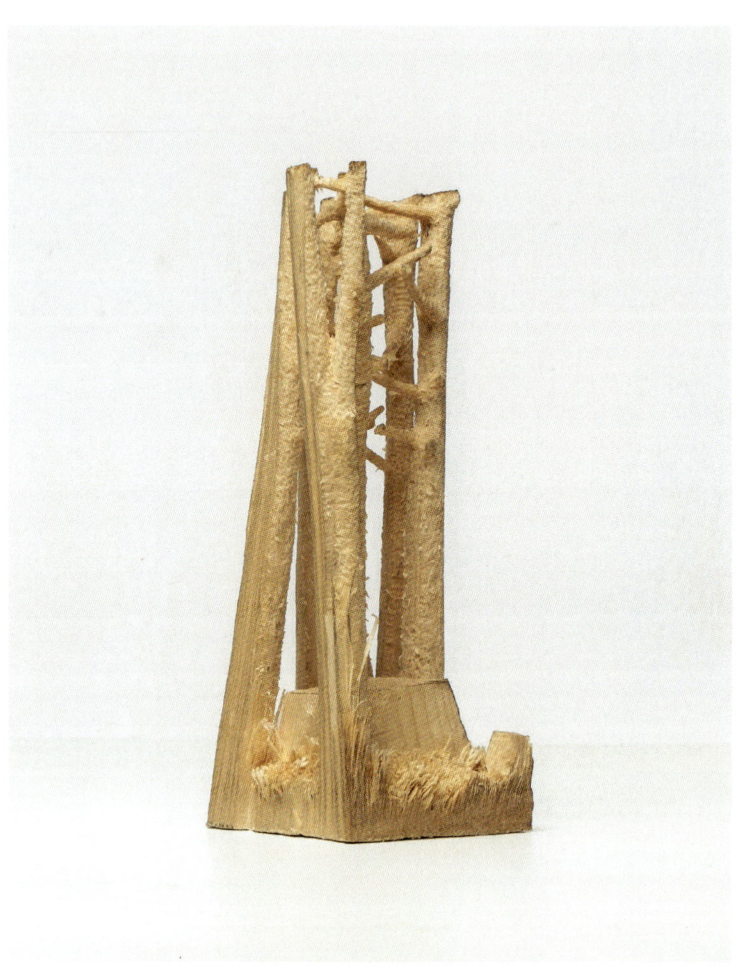

weißt du noch …, 2023
Fichte, gespalten und geschnitzt, Grafitstift
18,5 × 8 × 7 cm

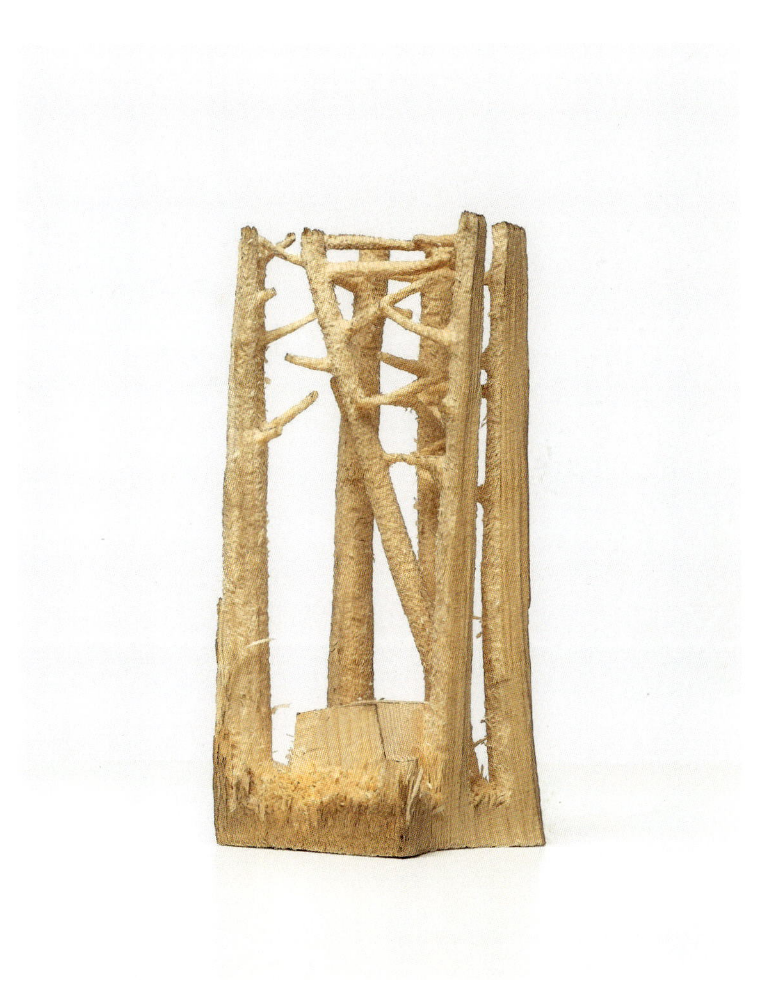

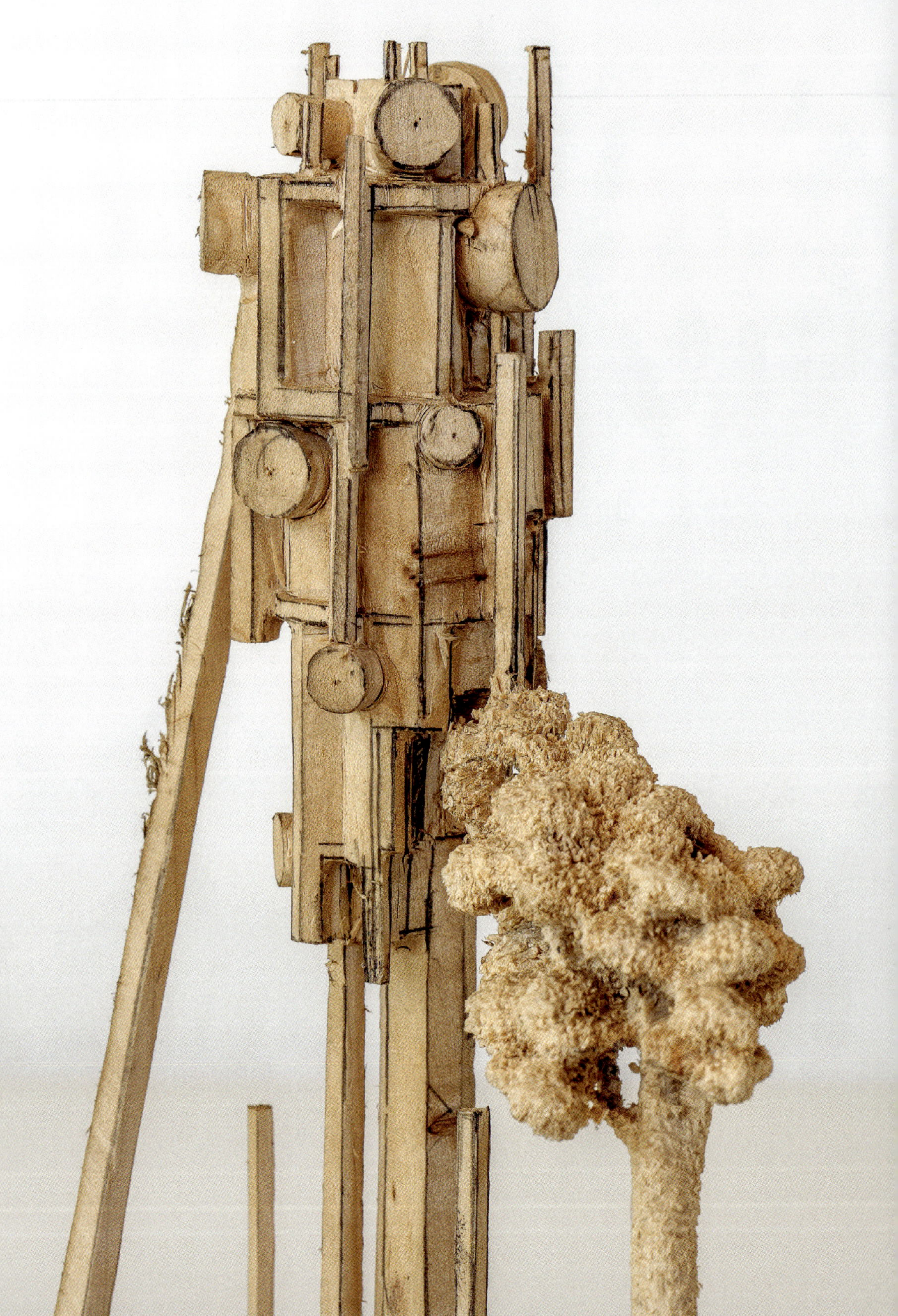

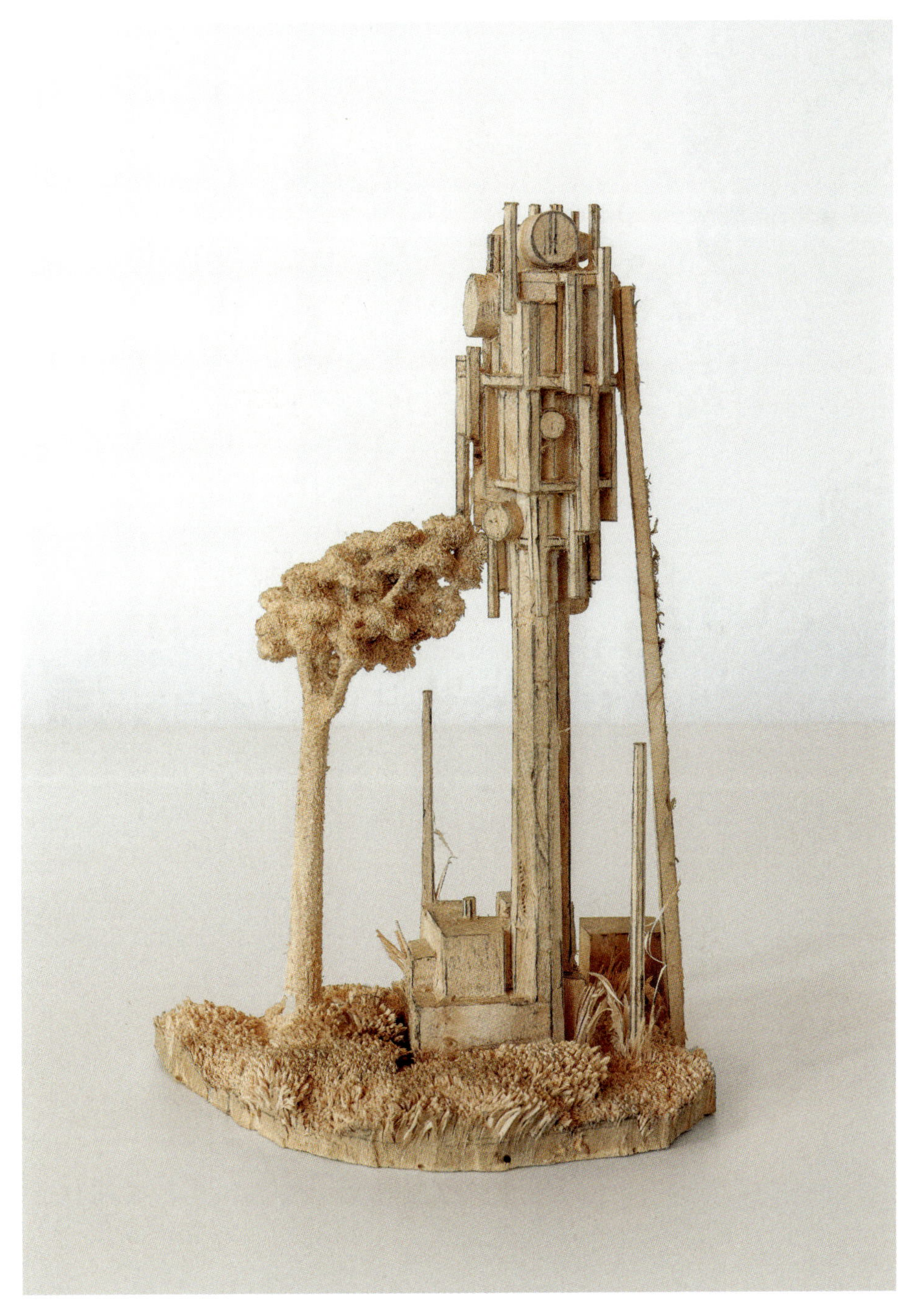

Lichtung, 2024
Weide, Grafitstift
23 × 15 × 11,5 cm

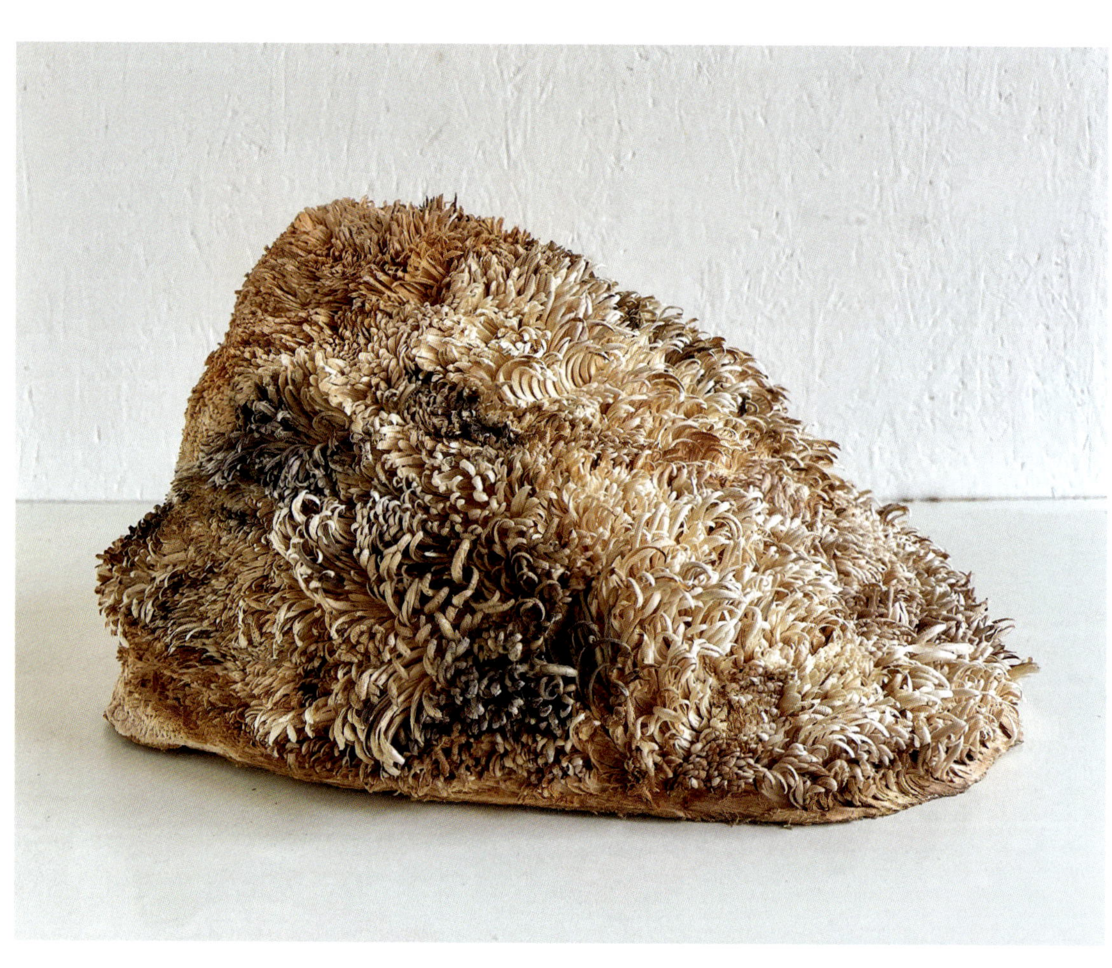

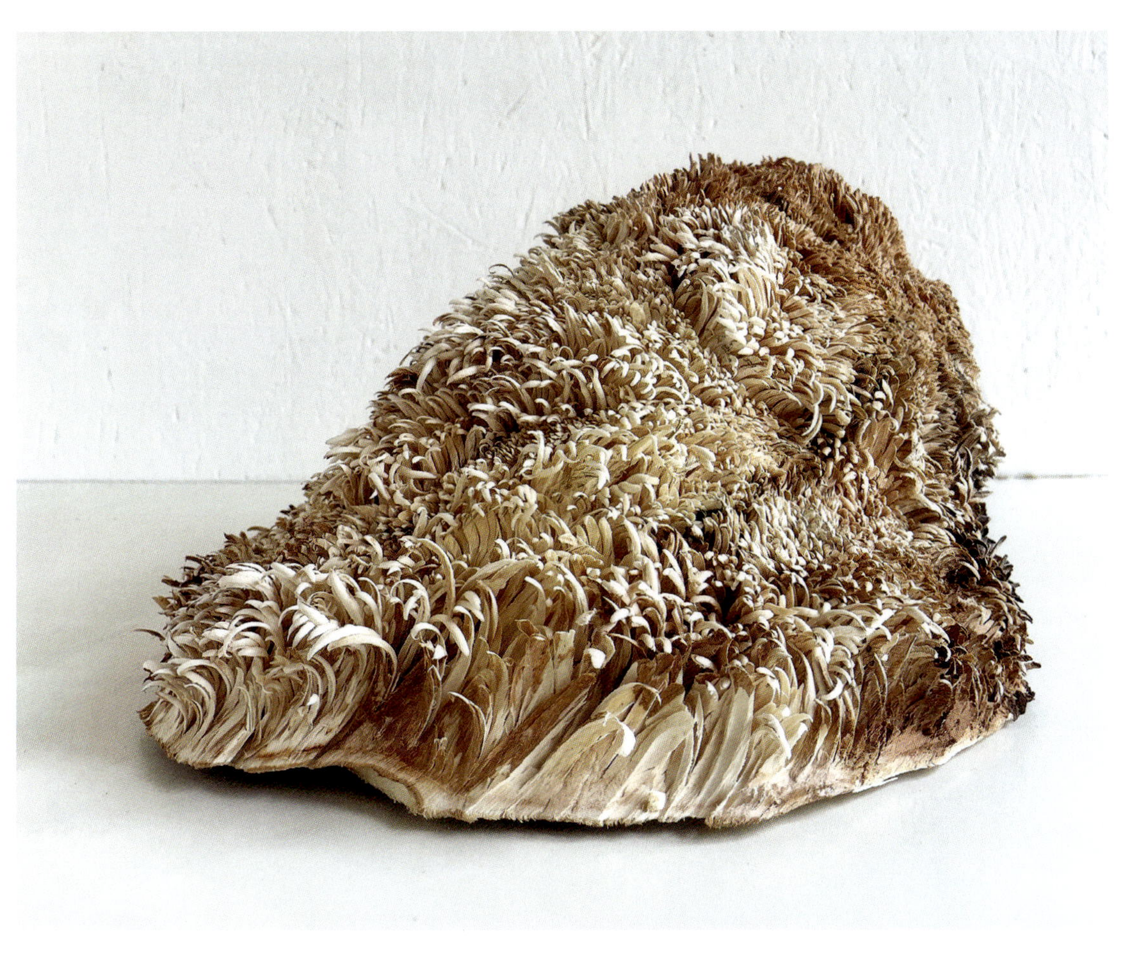

Cumulus, 2024
Salweide, ausgehöhlt, Grafitstift
18 × 36 × 32 cm

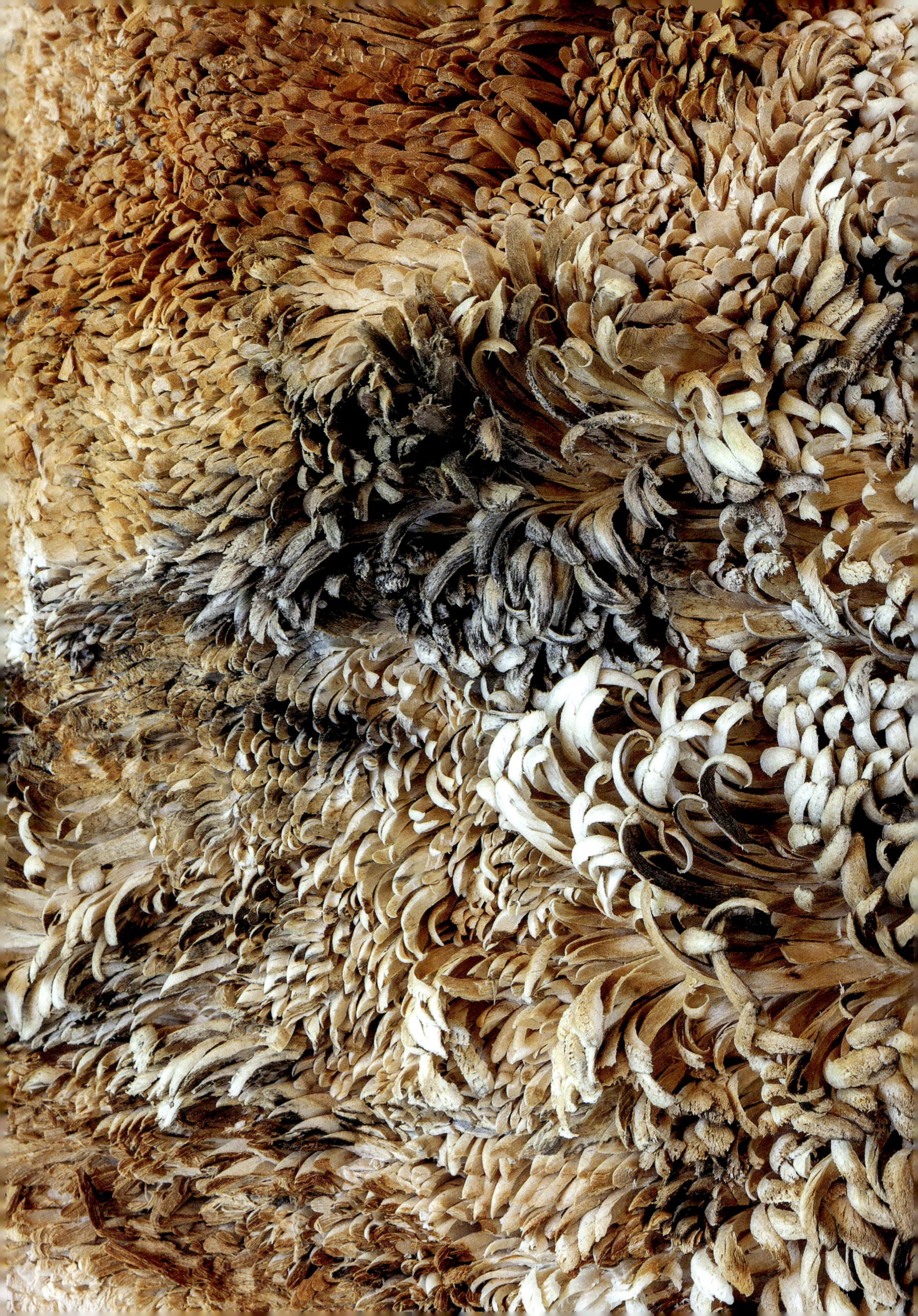

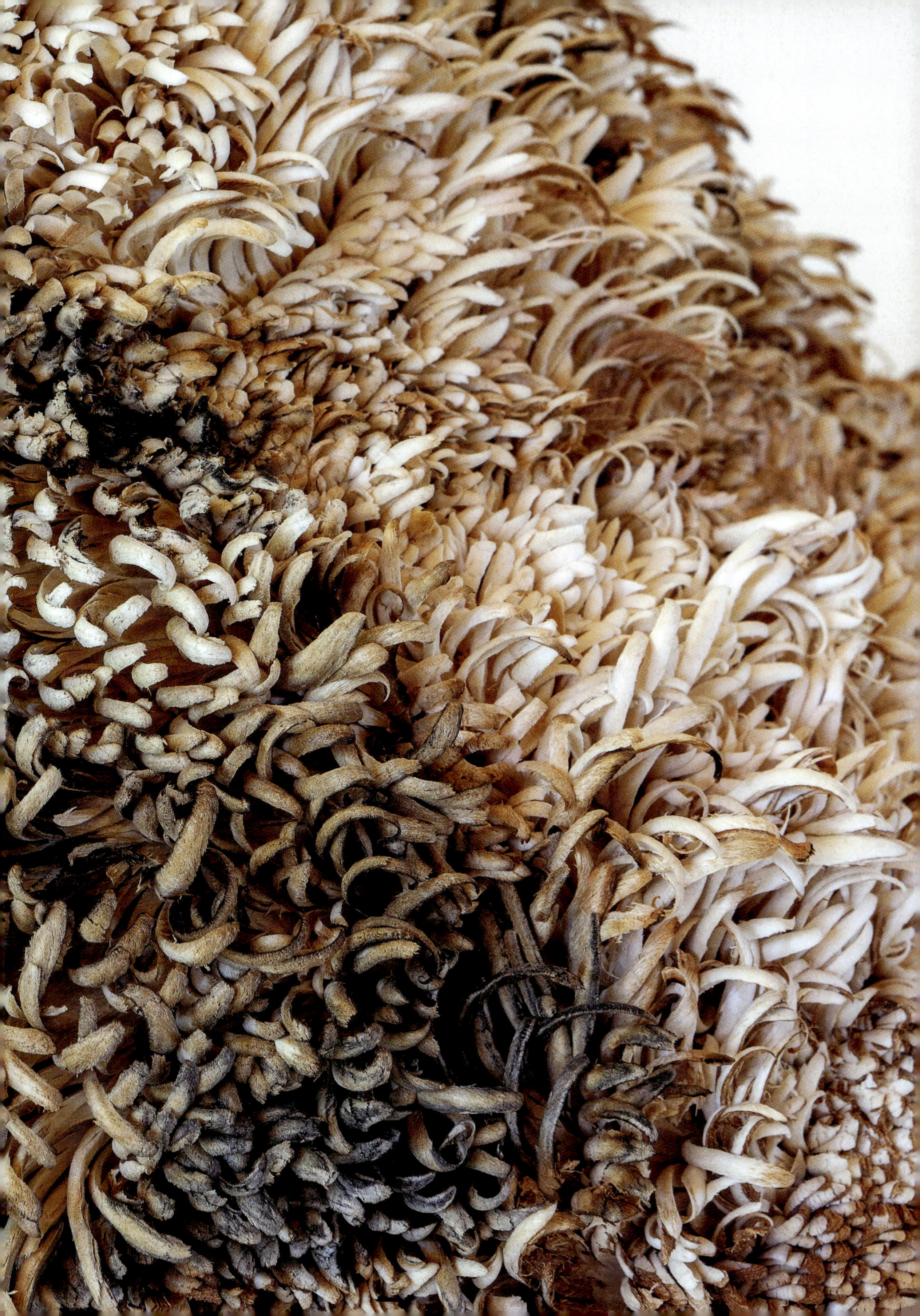

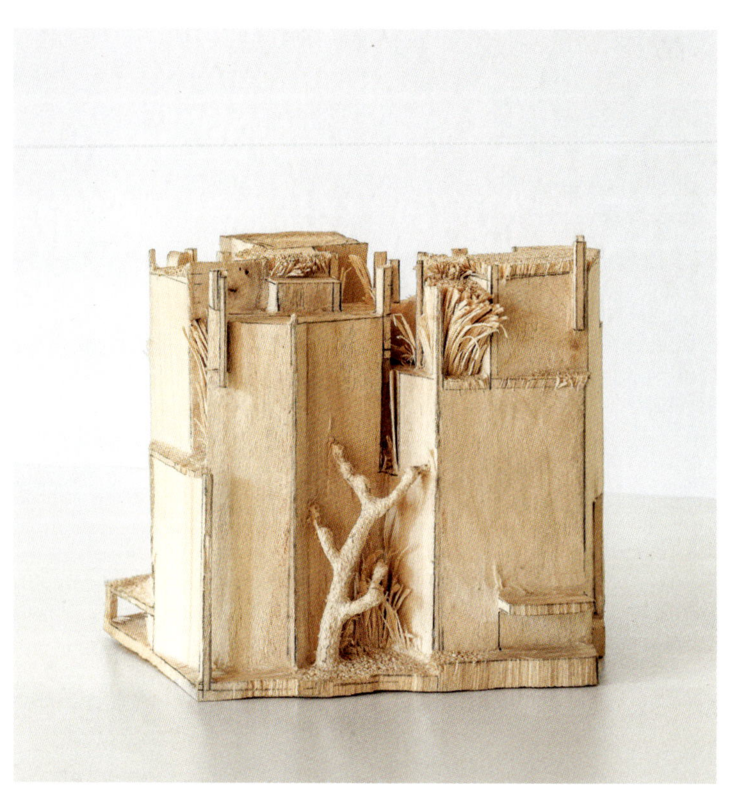

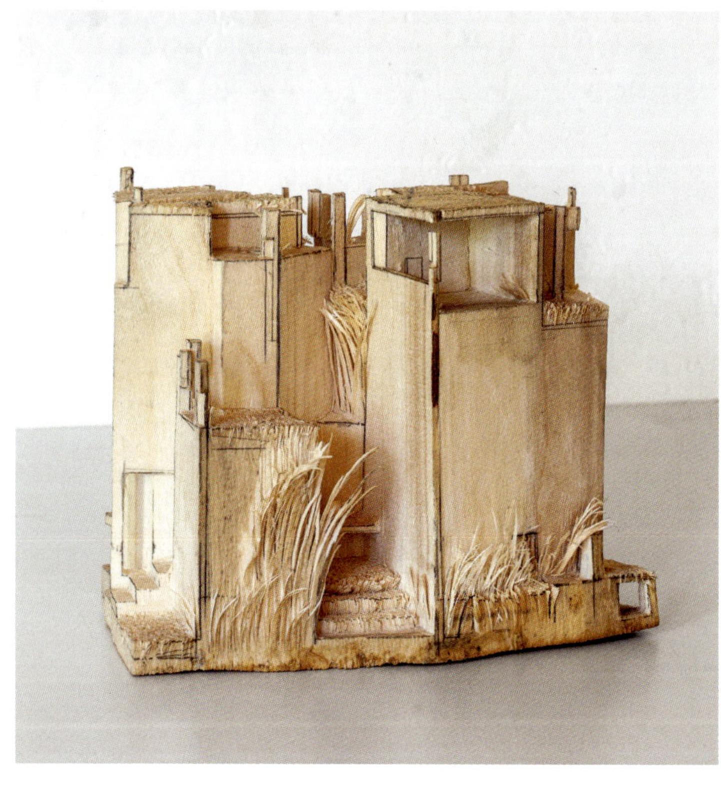

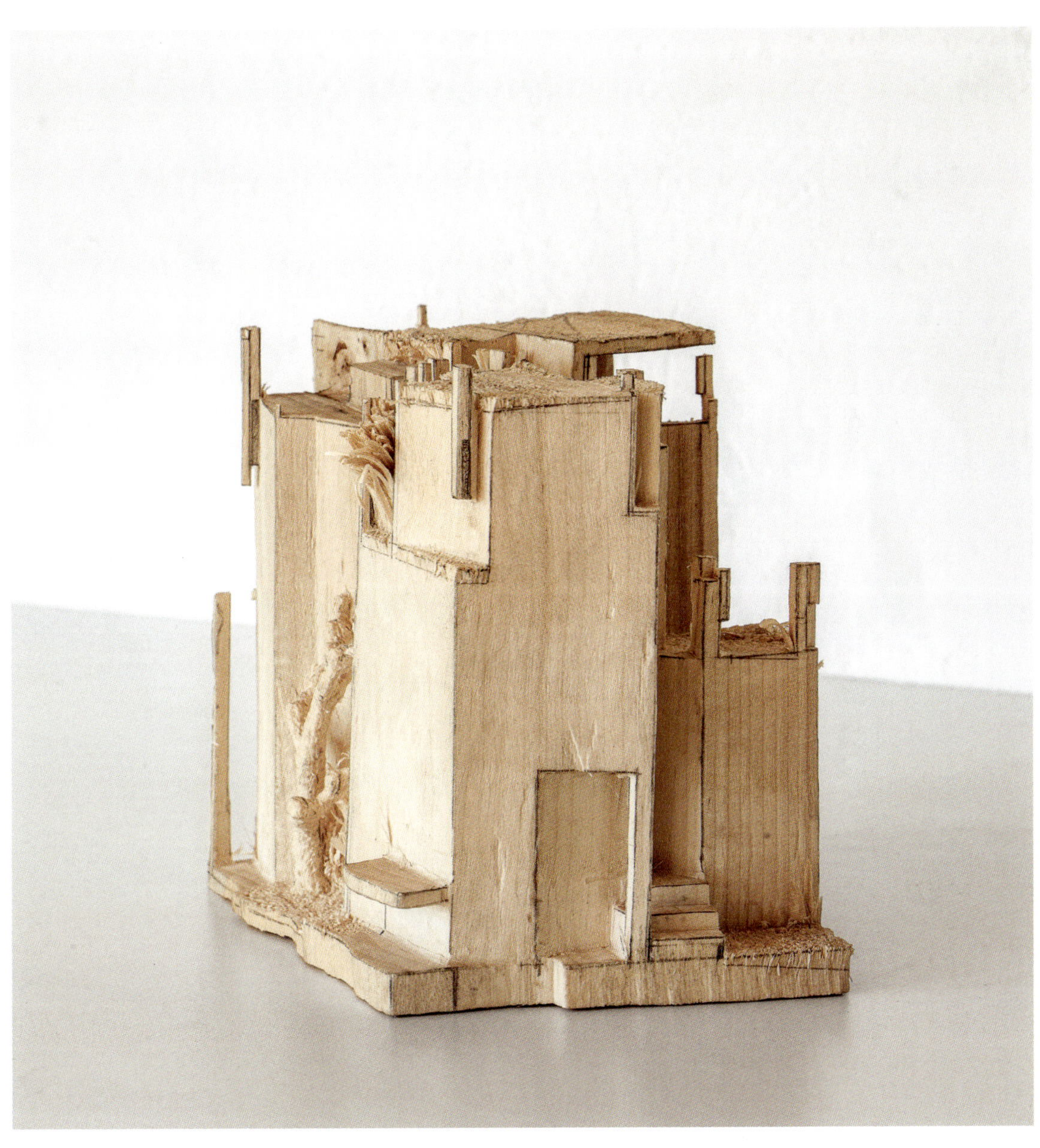

City, 2024
Pappel, Grafitstift
14,6 × 18 × 13 cm

Biografie

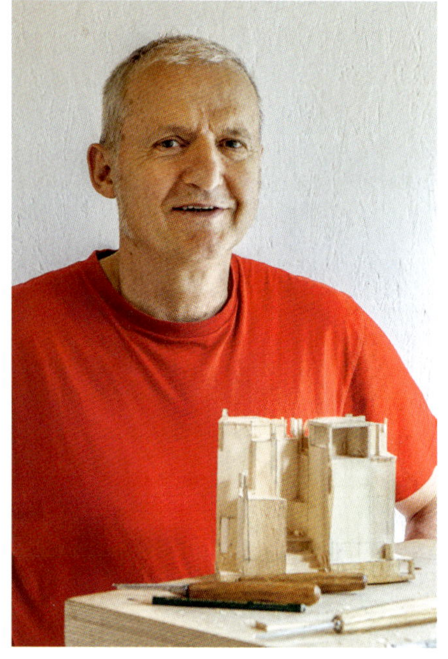

Martin Kargruber wurde 1965 in Gsies/Südtirol (IT) geboren. Er lebt und arbeitet heute in Petzenhofen/Geltendorf (DE) und lehrt seit 2009 an der Städtischen Berufsfach- und Meisterschule für das Holzbildhauerhandwerk, München (DE). www.martin-kargruber.de

Ausbildung

1992	Sommerakademie Salzburg, Steinbruch Untersberg (AT)
1990	Studienaufenthalt in Carrara (IT)
1988	Marmor-Symposion in Laas (IT)
1987–1992	Studium an der Akademie der Bildenden Künste München (DE), Bildhauerei bei Hans Ladner, Diplom
1983–1985	Landesfachschule für Kunsthandwerk in Wolkenstein/Gröden (IT), Gesellenbrief
1980–1983	Fachschule für Holzschnitzer St. Jakob/Ahrntal (IT)

Preise und Stipendien

2024	Bayerischer Staatspreis 2024 (DE)
2022	Anerkennungspreis, Martin Rainer-Preis »Kunst und Raum«, Brixen (IT)
2002–2004	Bayerische Atelierförderung für bildende Künstler (DE)
1998	3. Preis, Wettbewerb »Wege zum Museum«, Stadtmuseum Bruneck (IT)
1992	Stipendium des Bayerischen Kultusministeriums, Sommerakademie Salzburg (AT)
1988	1. Preis, Wettbewerb »in memoriam N.C. Kaser«, Bruneck (IT)

Einzelausstellungen (Auswahl)

2024	*from the inside out…*, Bayerischer Kunstgewerbeverein, München (DE)
	KulturLandschaft, mit Harry Mayer, Galerie am Stall, Hude (DE)
2023	*Was nie war, wird nie sein*, Kulturverein Tublà da Nives, Wolkenstein/Gröden (IT)
	ingaling…, Kornhaus Museum, Weiler-Simmerberg (DE)
	Schöne Aussichten, Taubenturm, Dießen am Ammersee (DE)
2017	*Holz & Farbe*, mit Otto Wagner, Kunstforum Unterland, Neumarkt (IT)
2016	*Gebäude*, Kunstsammlungen und Museen Augsburg, Neue Galerie im Höhmannhaus, Augsburg (DE)
	Skulpturen, mit Christoph Drexler (Malerei), Galerie Michael Heufelder, München (DE)
2015	*Skulpturen + Zeichnungen*, Galerie Prisma, Bozen (IT)
	Davor und dahinter, Galerie konstantin b., Regensburg (DE)
2009	*hinterm Berg*, Galerie konstantin b., Regensburg (DE)
1995	St. Nikolauskirche, Laas (IT)

Gruppenausstellungen (Auswahl)

2024	*verzeichnet*, Zedergalerie, Landsberg am Lech (DE)
	DAS KLEINE FORMAT, Kulturforum Blaues Haus, Dießen am Ammersee (DE)
	cross view: Zeitgenössische Kunst aus bayerischen Ateliers, Galerie Tobias Schrade, Ulm (DE)
	Schlüsselwerke, SKB ARTES, Bozen (IT)
	BKV Areal, Handwerk & Design auf der IHM, München (DE)
2023	*Cross Over: Zeitgenössische figurative Kunst aus bayerischen Ateliers*, MEMU Essing (DE)
	Sequenzen, Stadtgalerie und Hofburg Brixen (IT)
	Kontraste, Bayerischer Kunstgewerbeverein, München (DE)

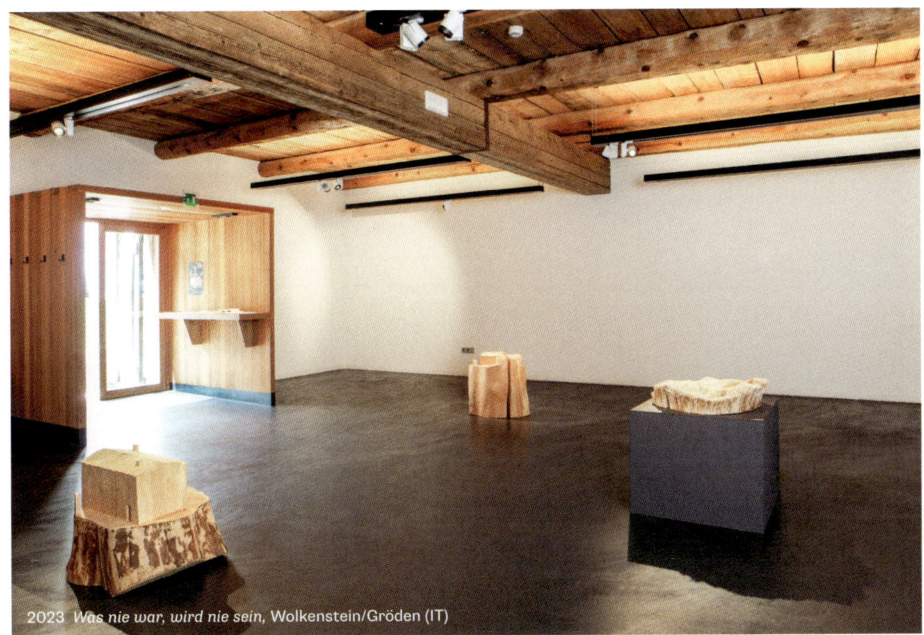

2023 *Was nie war, wird nie sein*, Wolkenstein/Gröden (IT)

2022	*Verbotenes Terrain,* Blickfang Ausstellung, Kunsthaus Kaufbeuren (DE)
	Ankauf 2022, Artothek München (DE)
	Luftlinie, Kunstverein Landshut (DE)
2021	*Tracce/Spuren: Künstler*innen aus Bozen,* Kunstmuseum Erlangen (DE)
	verzeichnet, Galerie FOE, München (DE)
2020	*Danner-Preis 2020: 100 Jahre Danner-Stiftung,* Pinakothek der Moderne, Die Neue Sammlung – The Design Museum München (DE)
	Unlearning Categories, Museion, Bozen (IT)
	HutARTig, Deutsches Hutmuseum, Lindenberg im Allgäu (DE)
	verzeichnet, Galerie Der Mixer, Frankfurt am Main (DE)
2019	*New Tradition,* Südtiroler Künstlerbund, Likovna Galerija, Belgrad (RS)
2018	*Baum-Bilder,* Dachauer Galerien und Museen, Gemäldegalerie, Dachau (DE)
2016	*Über alle Berge,* Südtiroler Künstlerbund, Neue Münchner Künstlergenossenschaft, Galerie Prisma, Bozen (IT)
2002	*Der Berg,* Heidelberger Kunstverein (DE)
2000	*Berge 2000,* Alpines Museum des DAV, München (DE)

Arbeiten im öffentlichen Raum

2012	*Familien Grabmal,* Stacher, St. Martin/Gsies (IT)
2011	*Denkmal,* Friedhof, Taisten (IT)
2009	*Heilige Familie,* Franziskuskirche, Seiseralm (IT)
2006	*Brunnenputto,* Stadtresidenz Landshut (DE)
2000	*Horizont,* Friedhof, Taisten (IT)
1999	*Brunnen,* St. Magdalena/Gsies (IT)
	Bildnisbüste Lena Christ, Ruhmeshalle München (DE)
1998	*Friedensweg,* Kaltern-Kirche St. Peter, Altenburg/Kaltern (IT)
1989	*Brunnen für Déodat de Dolomieu,* Pflersch (IT)

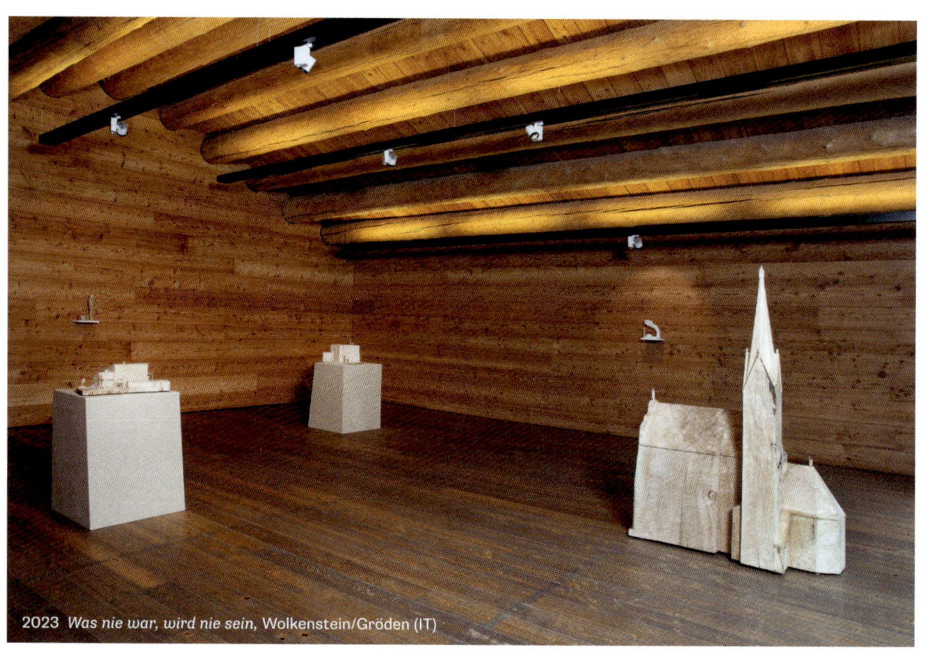

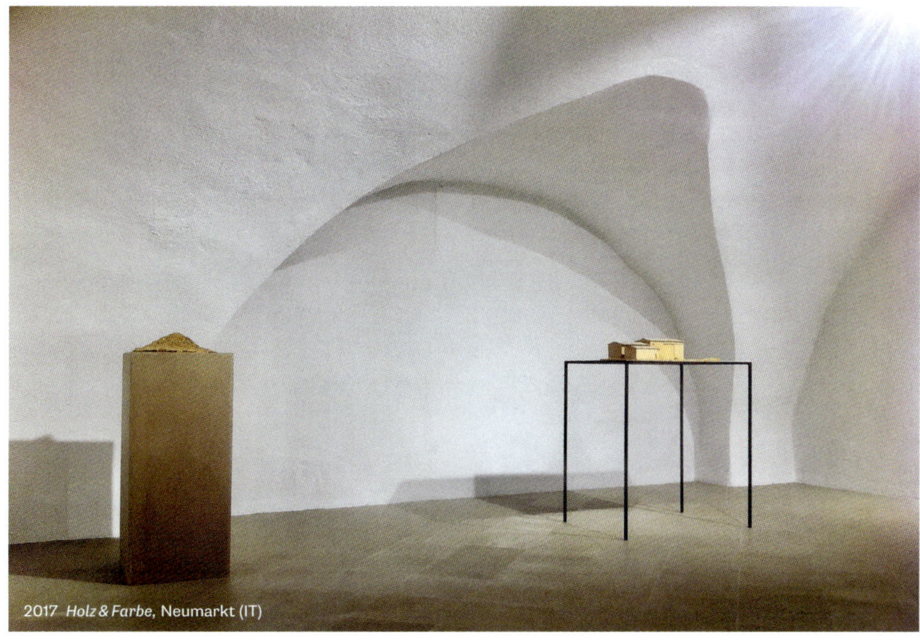

2017 *Holz & Farbe*, Neumarkt (IT)

Werke in privaten und öffentlichen Sammlungen

Autonome Provinz Bozen/Südtirol, Amt für Kultur, Bozen (IT)
Artothek München (DE)
Kunstforum Unterland, Neumarkt (IT)
Kunstsammlung der Raiffeisen Landesbank Südtirol, Bozen (IT)
Ruhmeshalle München (DE)
Stadtbibliothek Brixen (IT)

Publikationen (Auswahl)

cross view: Zeitgenössische Kunst aus bayerischen Ateliers, Ausst. Galerie Tobias Schrade, Ulm 2024
Südtiroler Künstlerbund (Hg.), *UPdate: Neue Seiten der Kunst/Nuove pagine dell'arte,* Ausst. SKB
    ARTES, Bozen 2024
MEMU Essing/Kunst und Kultur (Hg.), *Cross Over/Die Linie,* Ausst. MEMU Essing, Essing 2023
*Tracce/Spuren: Künstler*innen aus Bozen,* Ausst. Kunstmuseum Erlangen, kuratiert von
    Sophia Petri, Erlangen 2021
verzeichnet, Ausst. Neue Münchner Künstlergenossenschaft, kuratiert von Eva Ruhland,
    Esther Glück, Thomas Sterna, München 2021
Arbeiten. Lavori in corso II, Dokumentation der Kunstankäufe 2012–2018 durch die Autonome
    Provinz Bozen-Südtirol, Abteilung Deutsche Kultur, Bozen 2020
Danner-Stiftung (Hg.), *Danner-Preis 2020: Seit 100 Jahren fördert die Danner-Stiftung
    herausragendes Kunsthandwerk in Bayern,* Stuttgart: arnoldsche Art Publishers, 2020
Kathrin Felle/Angelika Schreiber, Deutsches Hutmuseum Lindenberg (Hg.), *HutARTig:
    Zeitgenössische Kunstinterventionen,* Lindenberg im Allgäu: Josef Fink Verlag, 2020
Peter Hauser (Hg.), *Einblattdruck Nr. 155,* mit Martha Lanz, Berlin: PalmArtPress, 2020
Association of Belgrade Architects/Cultural Center of Belgrade (Hg.), *Positive & Active:
    14th Belgrade International Architecture,* Belgrad 2019

Münchner Künstlergenossenschaft (Hg.), *Neue Münchner Künstlergenossenschaft: Malerei, Grafik, Skulptur, Installation,* Ausst. Münchner Künstlerhaus am Lenbachplatz, München 2019
Garten: 70 Jahre Südtiroler Künstlerbund, Ausst. Hofburg Brixen, Bozen 2016
Holz & Farbe, Ausst. Kunstforum Unterland, Leporello, Neumarkt 2017
Über alle Berge, Ausst. Südtiroler Künstlerbund, Neue Münchner Künstlergenossenschaft, Bozen 2017
Kunstsammlungen und Museen Augsburg/Neue Galerie im Höhmannhaus (Hg.), *Gebäude,* mit einem Text von Dr. Thomas Elsen, Augsburg 2016
LanaArt (Hg.), *Bildhauerzeichnung/Il disegno degli scultori,* Ausst. Kunsthalle Eurocenter, kuratiert von Camilla Martinelli, Lana 2014
Martin Kargruber, mit Unterstützung der Südtiroler Landesregierung (Hg.), *Martin Kargruber: Skulpturen und Zeichnungen,* mit einem Text von Dr. Lisa Trockner, Petzenhofen 2014
Super Edition #2, Ausst. Kunstraum Super, Wien 2014
transfer…, Ausst. Südtiroler Künstlerbund, Galerie Prisma, Bozen 2003
Hans Gercke (Hg.), *Der Berg,* Ausst. Heidelberger Kunstverein, Heidelberg: Kehrer Verlag, 2002
Manfred Fischer, *Ruhmeshalle und Bavaria,* amtlicher Führer, München: Bayerische Verwaltung der Staatlichen Schlösser, Gärten und Seen, 2000
Tourismusverein Kaltern an der Weinstraße/Pfarramt Kaltern (Hg.), *Friedensweg Kaltern,* Kaltern 2000
Wege zum Museum, Forum Michael-Pacher-Werkstatt, Bruneck 1998
AR/GE Kunst Galleria Museo (Hg.), *Kunstszene Geisler 87,* Bozen 1987

Presseberichte und Filmbeiträge (Auswahl)

Container, 2021, Film von David Del Fabro Guentsch, 2024 (https://vimeo.com/988821248)
Ingrid Grohe, »Der Hut im hölzernen Gras«, in: *Der Westallgäuer,* 25.07.2023
Dagmar Kübler, »Architekturskulpturen der besonderen Art«, in: *Landsberger Tagblatt,* 10.06.2023
Das Spannende an der Arbeit. Der Bildhauer Martin Kargruber, ein Porträt, Film von Luis Weindl, 2022 (https://vimeo.com/760728511)
»Genius Loci«, Interview in: *Building on the Build,* 2021 (https://www.buildingonthebuilt.org/archive-martin-kargruber)
Ira Mazzoni, »Die Magie des Materials: Die Ausstellung zum Danner-Preis«, in: *Süddeutsche Zeitung,* 16.10.2020
Angela Bachmair, »Aus dem Schornstein raucht Holz«, in: *Augsburger Allgemeine Zeitung,* 11.02.2016
»Holzkunst«, in: *Süddeutsche Zeitung* Nr. 25, 01.02.2016, Seite 34
Gabriele Mayer, »Zwischen Erinnerung und Holzmodell«, in: *Mittelbayerische Zeitung,* 09.06.2009
»Lena Christ«, Filmbeitrag des *Bayerischen Rundfunks,* 2000
»Keine Kunst auf dem Friedhof?«, in: *Im Bilde,* Zeitschrift des BBK München Nr. 1, 1998
Erich Erlacher, »Grabmal in Terenten«, in: *Dolomiten* Nr. 219, 23.09.1997
»Das Kreuz mit dem Kreuz«, in: *Neue Südtiroler Tageszeitung,* 04.09.1997
»Grabkreuz«, Filmbeitrag von *Südtirol heute,* 03.09.1997
Cornelia Plieger, »Der ätherische Gegenraum«, in: *Dolomiten* Nr. 106, 10.05.1995

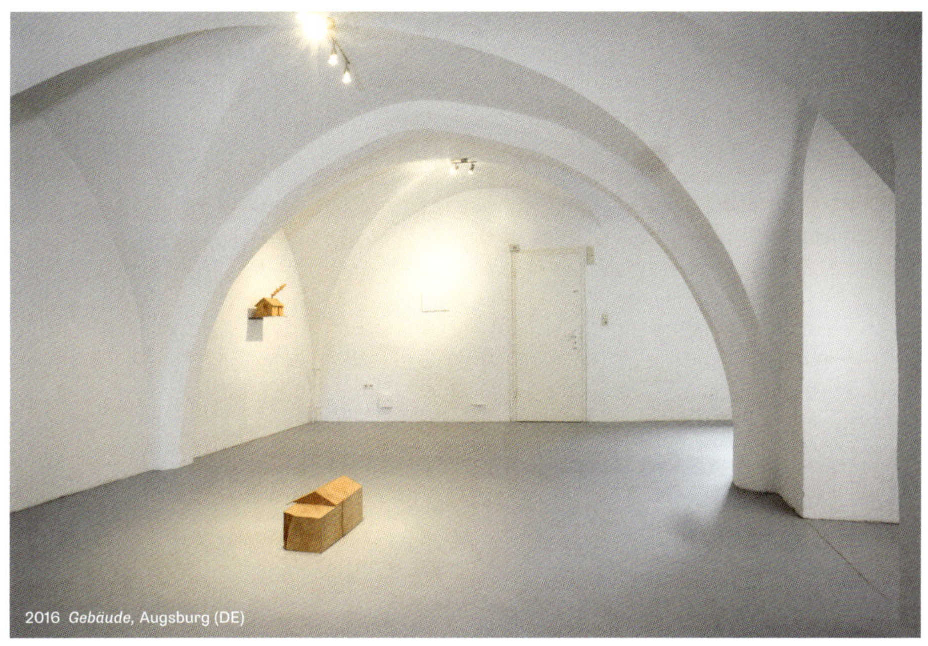

2016 *Gebäude*, Augsburg (DE)

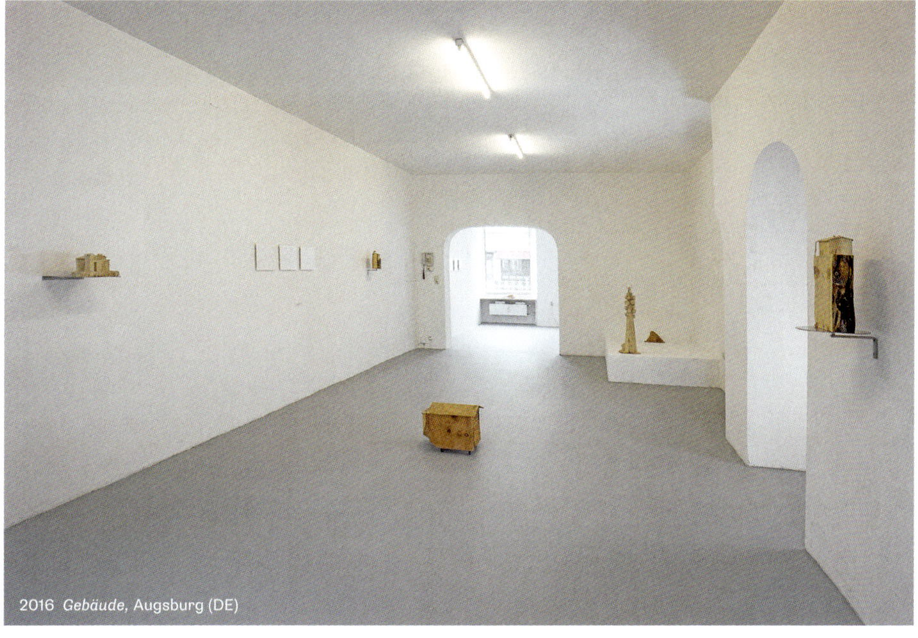

2016 *Gebäude*, Augsburg (DE)

Text
Dr. Thomas Elsen, Autor und Kurator, Augsburg Berlin

Übersetzung
Studio Traduc, Bozen - Dunia Cusin

Lektorat
Wendy Brouwer, Stuttgart

Grafische Gestaltung
Karina Moschke, Kirchheim/Teck

Offset Reproduktion
Paladin Design- und Werbemanufaktur, Remseck

Druck
Schleunungdruck, Marktheidenfeld

Buchbinder
Buchbinderei Schaumann, Darmstadt

Papier
150 g/m² Magno Volume

arnoldsche Projektkoordination
Julia Hohrein

Bibliografische Information der Deutschen Nationalbibliothek
Die Deutsche Nationalbibliothek verzeichnet diese Publikation in der Deutschen Nationalbibliografie; detaillierte bibliografische Daten sind über www.dnb.de abrufbar.

ISBN 978-3-89790-726-3
Made in Germany, 2024

Bildnachweis
Danner-Stiftung, Eva Jünger: S. 60-63, 72, 74-75
Laura Egger: S. 37
Harald Fersch: S. 2-3, 6-9, 14-15, 20-21, 26-27, 29, 31, 33, 34-35, 38, 40-41, 42-43, 44-45, 46-47 (oben), 48-49, 51, 52-53, 54-55, 56-57, 58-59, 65-66, 68-69, 71, 73, 76-77, 78-79, 80-81, 84-85, 87, 88-89, 94-95, 96-97, 99, 100-101, 102-103, 107 (unten), 108, 112-113, 123, 124-125, 127
Martin Kargruber: S. 30, 32, 39, 47 (unten), 82-83, 90
Wilfried Petzi: S. 64, 67, 91-93, 104-107 (oben), 109-111, 114-115, 116-119, 120-121, 122

Umschlagabbildungen
Einband: Detail von *Kirche,* 2023, Foto: Wilfried Petzi
Vorsatz: *Misthaufen 1,* 2015, Foto: Harald Fersch
Nachsatz: *der Hut im Gras,* 2019, Foto: Martin Kargruber

Dieses Buch entstand mit großzügiger Unterstützung von

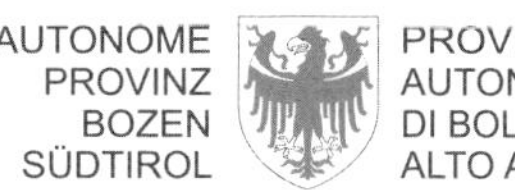

Deutsche Kultur - Cultura tedesca

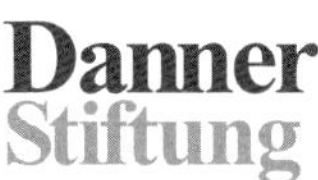

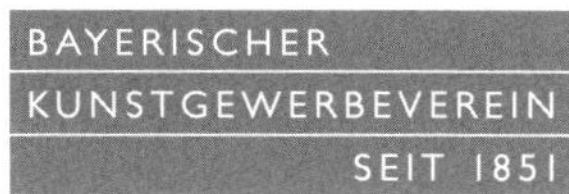

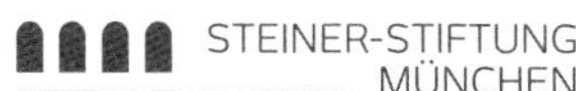